企业健康管理
创新最佳实践
健 康 大 业 标 杆 企 业 案 例

—

BEST PRACTICES
OF INNOVATION ON
CORPORATE HEALTHCARE
MANAGEMENT

—

刘磊 段芳 主编

上海交通大学出版社
SHANGHAI JIAO TONG UNIVERSITY PRESS

内容提要

本书采用案例编写的方式，介绍 21 家知名企业在员工健康管理创新方面的最佳实践项目。这 21 家企业分别为世界 500 强公司、大型国有上市集团以及高速发展的民营企业，包括上海家化、方太集团、戴姆勒奔驰、仲量联行、通用电气（GE）、富士胶片等全球知名公司。通过他们在员工健康管理创新项目实施中的经验总结，开启更多企业在健康管理创新方面的思路。

图书在版编目（ＣＩＰ）数据

企业健康管理创新最佳实践 / 刘磊，段芳主编.—上海：
上海交通大学出版社，2019
ISBN 978－7－313－20973－3

Ⅰ.①企…　Ⅱ.①刘…②段…　Ⅲ.①企业管理
Ⅳ.①F272

中国版本图书馆 CIP 数据核字（2019）第 043401 号

企业健康管理创新最佳实践

主　　编：刘　磊　段　芳
出版发行：上海交通大学出版社　　　　地　　　址：上海市番禺路 951 号
邮政编码：200030　　　　　　　　　　电　　　话：021－64071208
印　　刷：上海天地海设计印刷有限公司　经　　　销：全国新华书店
开　　本：710mm×1000mm　1/16　　　印　　　张：13.75
字　　数：325 千字
版　　次：2019 年 3 月第 1 版　　　　　印　　　次：2019 年 3 月第 1 次印刷
书　　号：ISBN 978－7－313－20973－3/F
定　　价：58.00 元

序一

健康是企业基业长青的隐性资本

从 2016 年《健康中国 2030》纲要的提出，到 2018 年两会国家卫生健康委员会正式开始组建，"健康管理"被提到了国家战略的高度，目的就在于增进全体人员的健康福祉和推进卫生健康事业的改革发展。从企业管理的角度来说，无论是企业的战略布局，还是组织创新，都离不开人才的关键作用。除了原有的薪酬福利回报体系，企业正在将"健康管理"纳入企业的战略范畴。

2017 年美国人力资源管理学会（Society for Human Resource Management）发布的一项针对全美企业年度福利的调查发现，在过去的一年里，将近 1/3 的雇主增加了员工福利项目，并且更倾向于在健康方面的投入。越来越多的企业，正在寻求有效的员工健康管理的体系和方法、创新与变革。重视员工的健康，提供健康福利，建立健康管理机制，建设企业健康文化，打造有吸引力的雇主品牌，已经成为全球诸多知名企业吸引和留住人才的重要举措。

2018 年 3 月，我们启动了"健康大业"项目，共同发起"健康雇主评选"和"健康调研"，倾听来自企业和员工的声音，将健康的理念和方法送进企业，推动健康管理的落地。

几个月的面访和调研让我们看到了中国企业健康管理的希望，也看到了一个正在创新发展的良性趋势。我们走进企业，看到我们的企业用实际行动践行着企业责任，用极大的热情和创意推进着员工关爱，他们对健康管理的态度、力度、深度，都让人耳目一新，也令人心生敬意。

企业健康管理，绝不仅仅是一份保险、一个医务室，它是企业的隐性资本，是一种积极向上的企业文化，能给予员工归属感和认同感。它是一种现代化的企业管理模式，以数据和技术为支撑，帮助实现人的价值最大化，它也将成为企业的下一个生产力。

积跬步，才足以行千里。结合新的场景应用，我们希望帮助员工在企业中感到更安全、更健康、更幸福。未来企业健康管理的模式一定是多元化的，既能够满足不同群体员工的个性化需求，也要配合企业快速成长的需求。我们的企业健康管理愿景是：汇聚充沛的员工参与积极性，提供强大的系统技术支持，引入行业专家的意见建议，让每一位员工都可以在安心、舒心、健康的状态下发挥自我价值，实现个人和企业的共同发展。

再次感谢参与"健康大业"项目的合作伙伴及优秀企业，期待"健康大业"的宝贵成果能够推动中国企业健康管理逐步普遍化、标准化、科学化发展，让"健康大业"的标杆作用，影响到更多企业重视健康管理，感受到成为健康雇主的价值和意义。期待未来更多优秀的专业人士、机构能够加入我们，共同帮助企业建立多元而富有弹性的健康管理矩阵，助力企业基业长青。

谢谢大家！

单为民

中智上海经济技术合作有限公司总经理

序二

健康管理的价值在于提高
组织绩效和生产力

2004 年,因为 SARS,也因为自身下一步职业发展的考虑,经过 GE(通用电气)多轮严格的面试,我作为国内第一个管理员工健康的医疗总监,进入企业健康管理这个领域。

GE 设置这个职位,主要是因为当时中国经历了"非典"疫情,GE 意识到员工健康管理的重要性,企业职业健康风险需要控制,同时,像发生 SARS 这样影响巨大的医疗危机时,如果没有良好的健康管理机制,可能会导致工厂关停,影响生产,造成巨大的损失,这正说明了健康管理在风险防控层面的价值。另一个层面,是它对提升组织绩效和生产力以及降低医疗费用也起着非常重要的作用,这是 GE 更大力度推进健康管理的重要考量因素。大概在 2008 年经济危机时,我们的水处理公司,一年大概有 23 亿左右的营收,但那一年我们美国公司医疗相关的费用就高出这个营收额许多,这是相当惊人的。也就是在那个时候,GE 开始在全球推行健康管理,做"健康我先行"等一系列的事情。

下面来说说从实践中我所理解的企业健康管理。

企业健康管理(Corporate Health),是 Population Health 里比较特殊的一种,它主要针对的是企业员工及其家属这一类人群。

它的由来,大概可以追溯到 20 世纪六七十年代的美国保险业。在保险业刚开始的时候,医疗保险总是亏,大家就研究它为什么亏,发现有两个因素值得关注,一个是后端医院管理,怎么管决定亏损程度;另一个,是前端就医理赔,怎么理赔决定亏损程度。如果投保人不生病或减少就医,就不会发生理赔,那保险肯定就会赚了。所以,管理投保人健康的事务就变得很重要,从那时起,保险公司就开始专门雇一批人做健康管理,根据保险就医数据,先把人群分成几类,如生病的、健康的等等,再为他们划分健康管理师,协助管理他们的健康。经过十几、二十年的摸索,保险的费用终于降下来了。由此就验证了健康管理确实可以帮助降低费用。这之后,保险公司把健康管理的理念带进他们大量的 B to B 业务中,于是在企业内部也慢慢开始有专门管理健康的部门了。

总体来说,企业健康管理,还是一个比较新的概念,可能欧美国家的企业起步要早些,推行健康管理的比较多,国内企业做的相对少些。正因为它新,所以目前也鲜有对它特别明确的定义,我个人比较认可 Dr. Ray Fabius 所给出的这段文字:

Corporate healthcare management aims to maximize the safety, healthy and wellbeing of employees and their families. It appreciates the impact that a health workforce can have on organizational performance and productivity. It uses data to track and improve the illness burden of those populations deploying primary, secondary and tertiary prevention. It integrates the talents of the human resources, occupational health, environmental health and safety with data management and quality control and improvement. It is the most effective when this effort is considered an important value of the company and there is a commitment to pursue a corporate "culture of health, safety and wellbeing".

从他的这段描述里,我们至少可以看到 5 个关于企业健康管理的要点:①企业健康管理的目的是让员工更安全、健康、幸福;②企业健康管理的价值在于提高组织绩效和生产力;③企业健康管理是建立在健康数据沉淀的基础上;④企业健康管理的做法是在数据跟踪基础上分层级管理;⑤企业健康管理要有公司文化做支撑,并最终形成公司重要的健康文化。

这里很有意思的是,Dr. Fabius 特别强调了企业健康管理应该包含员工和家属。一般会认为,企业管理员工的健康,以便让员工能够有更好的工作表现,并减轻公司的医疗费用,但 Dr. Fabius 强调了应该惠及家属。这一点,在 GE 的健康实践中,也得到验证。这其实很重要,因为家庭成员的健康状况,同样影响员工的工作表现。比如说,家里孩子病了,可能要请假,或是上班时因为惦记孩子,不能全心投入工作,出工不出力,这都会是公司不愿看到。所以,企业健康管理就不仅要让员工从生活方式到理念都更健康,还要把这些传递给他的家人。

而就企业健康管理的价值而言,Dr. Fabius 提到了组织绩效和生产力,而我想还应该加上医疗风险预防、更高的员工稳定性、更具吸引力的雇主品牌形象,以及更为直接的效果——减少医疗支出。拿 GE 中国来说,这些年的健康管理实践下来,保险费率在最近四五年内几乎没有增长,员工敬业度和忠诚度在行业内属于领先水平,不少员工表示"就是看中 GE 的医疗福利"。

再说到数据,是企业健康管理运作过程中非常重要的一环,但很可惜,许多企业都没有做这方面的积累。健康管理是一个长期性的工作,如果没有数据沉淀和分析,很多工作其实会浮于表层,也没有连续性,看不到逐渐产生的优势或问题。在 GE 的 15 年健康数据积累,是我认为最有价值,也是最珍贵的部分。实际上,健康管理要用很多积累和沉淀下的数据来对员工分层级,再去排布一级预防、二级预防、三级预防。像我们在 2015 年举行的"21 天计步挑战赛"活动,其实就是源于总结分析上年度员工体检报告,数据结果表明员工"TOP3"的健康问题是超重/肥胖、高血脂等,于是我们就针对性开展"21 天以上的重复运动",以帮助员工建立持续运动的健身习惯。很多公司花了很多钱,做了很多 activity,但并没有很好的效果,就是因为只是做 activity,而没有站在整个公司层面上进行数据积累、分析,再去根据公司情况、员工情况做真正的健康管理。

最后说到公司的健康文化,这实际上是非常重要的。要想把健康做好,必须有两个认可,就是企业认可和员工认可。

从 Dr. Fabius 对企业健康管理的描述,可以看出,企业健康管理是一个日积月累才会见效的事情,但一旦形成了健康的意识,它就能改变足够多的人。

期待更多企业加入到健康管理的行列,也期待更多的人了解它、受益于它。

吴瑾

通用电气大中华区医疗总监

北京大学国家发展研究中心大健康 MBA 导师

中国健康雇主项目评委

前　言

　　两年前，我们开始做中国健康雇主评选，当时在国内众多雇主评选中，我们用"健康"来做关键词也算是独树一帜，一下子吸引了不少知名企业来参与，同时也获得众多专家的肯定和好评。

　　世界卫生组织工作卫生与环境部主任 Maria Neira 博士说：企业的财富取决于员工的健康。国外亦有很多研究显示，员工的健康与企业的生产率和业务之间存在着正相关的关系。比如，在美国有一本《职业和环境医学》杂志，每年都会评比一个奖，叫做 CHAA——企业健康成就奖。据《财富》杂志的主编 Clifton LEAF 说，1996 年以来获得此奖项的多家企业的长期股市收益率显著超过 2001 年至 2004 年的标普指数，而且还经常超出 200% 或以上。

　　然而在中国，我们还没有看到来自企业的相关实践研究，于是，我们决定自己动手开展研究。两年来，我们对 2 000 余家企业进行了相关调研和访谈，主要有三个发现：一是企业对于员工健康越来越重视，来参评中国最佳健康雇主的企业中有约 1/3 的企业将员工健康写入了企业使命和愿景中，其他参评企业也在企业价值观中对其加以强调。二是企业进行员工健康项目的最终目的并不仅仅促进医疗健康并降低医疗保险费用，更多的企业是以员工健康为切入点，将企业文化、团队建设、员工关怀融合在一起。参评中国最佳健康雇主的企业中有 90% 的企业认为进行员工健康项目的终极目的是促进企业文化和团队健康、吸引保留员工、提升工作效率。三是虽然现阶段中国企业和员工进行员工健康项目的热情很高,但是在项目设置和创意、项目的内部推广,数据的收集与分析上仍处于摸索阶段,大部分企业的健康管理水平还有很大的提升空间。

可喜的是,在我们访谈的企业中,不乏关注员工健康,并身体力行改善员工健康生活方式和健康状况的企业。

方太集团,在导入中国传统健康文化之前,员工敬业度调查得分只有50%,而随着传统健康文化的深入推进,这个数据就一路上升,2017年达到了87%。

仲量联行和萧氏地毯两家公司,通过了国际WELL建筑研究院严格的七大方面的评估和认证,让整个办公空间都弥漫着健康幸福的文化。

游戏公司背景的网龙在创意上则显得很大胆,比如他们鼓励男员工和高管赤裸上身的光猪跑以及非常有个性的仿真美国海豹突击队障碍训练赛等,都在内部引起了一轮又一轮超越自己助力公司的热潮。

科蒂大中华区开展的精力管理也是一个新的亮点,在全面提升员工的人生效能同时也促进了企业整体的绩效提升。

艾欧史密斯(中国)将体检结果数据进行量化分析用在员工餐厅食谱改进(建立A/B/C/D餐供不同体质员工选择)。多年来他们的高血压、糖尿病发病率不到3%,远远低于社区9%的发病率。

在美津浓(中国)的健康管理战略中,立足工厂性质及企业经济现状,将健康分为基于法律的健康管理和基于关爱的健康管理。在这样的努力下,员工的健康意识也大大增强,2017年病假人数比2016年下降37.1%。

这些鲜活的案例和有说服力的数据,都让我们看到了中国企业健康管理整体水平提升的希望和路径。

于是我们把这些访谈内容整理出来汇编成此书,尽可能地还原企业在推动这些健康管理实践的初心、做法以及成效,以飨更多有志于提升健康管理水平的企业。

在采访和整理本书的最佳实践案例时,得到了案例企业高管的积极支持,在此一并感谢。

同时,还要衷心感谢中智上海、中粮集团、中英人寿、国际 WELL 建筑研究院等合作伙伴给予的支持。

最后,衷心感谢上海交通大学出版社的提文静主任及她的同事们,因为他们的努力工作,本书得以如期顺利出版。

本书是中国人力资源管理研究会管理创新最佳实践丛书的第三本。今后,我们还将根据读者的需求陆续出版相关书籍。欢迎广大读者提出宝贵意见和建议,也诚邀有识之士参与进来,与我们共同策划、编写和出版。

刘磊

中国人力资源管理研究会常务副会长

2019 年 1 月

目　录

艾欧史密斯:

围绕价值观落地的系统化健康管理

公司简介

　　艾欧史密斯(中国)热水器有限公司,是美国 A.O.史密斯公司在 1998 年投资成立的位于南京经济技术开发区的独资公司,包括新启用的全球超级产研基地,总投资额 1.8 亿美元。A.O.史密斯已经在中国建立了完善的研发、生产、销售及服务一体化的现代化管理体系,产品跨家用、商用两大领域:家用产品包括电热水器、燃气热水器、空气源热泵热水器、太阳能热水器、家庭中央热水、家庭采暖、净水机、家庭中央净水、空气净化器、软水机十大品类,商用产品包括热水炉、热水锅炉、净水机三大品类。

最佳实践

中秋节后的一个周末，清晨 8 点，天气晴朗，南京玄武湖畔，印有 A.O.史密斯热水、净水、空气净化器标记的帐篷都已经沿路搭建整齐，十余名安保人员整齐列队接受布点分工安排。"A.O.在行动，健康在路上"的彩旗已经被健走俱乐部的志愿者们沿路安放妥当，迎风飘扬，400 多名员工和家属陆续前来参加这场 A.O.史密斯玄武湖健步走活动。

志愿者们有序分发装有点心、矿泉水的双肩袋和统一 logo 的荧光色马甲。早到的员工和家属在集合处旁边的绿地中更换装备、做简单的热身，教练在旁指导和宣传："健步走，不是竞走。自然行走的基础上保持躯干伸直，收腹、挺胸、抬头，注意均匀呼吸，可以根据自己的体质状况，快步走每分钟 120～140 步，中速走每分钟 90～120 步，慢步走每分钟 70～90 步。"

随着一声哨响，领队挥动着队旗集合员工正式开始出发。顺着翠洲长堤，绕梁州、走环洲、穿菱洲，一路绿带缭绕，没有你追我赶比赛的竞技紧绷感，只有秋游般休闲惬意和放松。欢声笑语中赏苍松、翠柏、嫩柳、淡竹，"翠洲云树"的幽雅和淡泊。不知是谁一时兴起，还唱起《我爱我的祖国》的歌曲，人群里顿时有人跟着哼唱起来，由近及远的歌声给健走的队伍更添激情，即使那些抱着孩子，推着童车的同事和家属也不甘落后。大步流星一起走……在终点解放门，走得兴奋的员工还向志愿者提意见：总路程就 5 公里，有点太短了，感觉没有尽兴。志愿者们笑答：我们下次将安排 10 公里，欢迎大家预约。

由艾欧史密斯（中国）热水器有限公司（以下简称：艾欧史密斯）组建的员工健走俱乐部，发展至今已有成员近千人，通过步行 PK，将每日万步走作为自己的基础目标，每日半小时健走，提前一站下车步行回家等健康行为已经成为一部分员工的生活方式。类似玄武湖健走这样的活动，截至 2018 年 7 月，俱乐部已经在全国范围内组织了 6 次，让更多的员工体验了一把健走的乐趣。

"积极的行走有利于挺拔身姿、消除烦恼、增强自信、改善睡眠。行走又是人类的基本技能，快步走不需要场地、不需要器材，只需要将碎片时间稍加链接，加上开始期间的一点点坚持，以后变成习惯，健康就属于你。让我们行动起来，已经每日行走继续保持，今天开始的就不要停止，让更多的艾欧史密斯员工拥有更好的健康生活方式。"艾欧史密斯员工健走俱乐部的一名成员说。

美国 A.O.史密斯自1998年进入中国以来，不断加强健康管理的探索。公司成立之初，公司以职业健康管理为主。随着2003年经历非典疫情的洗礼，艾欧史密斯加大医务团队的建设，在原先诊所的基础上提出企业社区医疗的概念，对员工的健康进行整体的管理。其中包括完善的体检制度，设立与南京市医保实时联网的企业社区医院，为员工提供最直接、快捷的健康咨询医疗服务，专业化的慢性病治疗、完善的职业健康管理计划，定期进行工作场所工业卫生监测，推行无烟工厂，为员工缓解工作压力提供专业的心理咨询和早期治疗服务，针对超重人群建立健走计划和丰富多彩的文体活动（健康生活方式的倡导）以及有规划的员工沟通，让员工在公正透明的职业晋升中做到有追求的完美精神状态。

健康管理系统化

艾欧史密斯认为系统化管理是现代职业健康安全的显著特征，系统化的职业安全管理，是从企业整体出发，把管理放在事故预防和预警机制的整体效应上，实行全员、全过程、全方位的职业健康管理，才能使得企业员工达到最佳的健康状态。因此公司在以下方面采取了具体实施措施：

完善的医疗保险计划

艾欧史密斯为包括直销员在内的全体员工购买了与工龄挂钩的15万～200万的商业意外综合险（寿险）以及包括大病保险在内的商业补充医疗保险，免除员工生病后医药费之忧，特别是发生大病的医疗保障。

有效开展企业社区医疗服务

在企业医务室的医疗职能被虚化的大背景下，艾欧史密斯在工厂内建立了有效运转的企业社区医院，诊所医务人员均来自三甲或二级甲等医院。除了日常的健康管理，还积极开展了门诊医疗，进行理疗、注射、静脉输液、换药、清创缝合和心理咨询等几乎社区医院所有功能。针对糖尿病、高血压、肾炎等慢性病开展个性化专业化指导服务，公司内部高血压控制率达到95%以上，高血糖的有效控制率也在90%以上（社会平均不到30%），对有高血脂特别是低密度脂蛋白升高的员工积极治疗。公司成立二十多年来，南京总部入职时有动脉斑块的员工，至今无一例发展成冠心病或脑梗塞，均通过生活方式的调整和持续的他汀类规范化治疗使得病情稳定。

艾欧史密斯诊所曾经有效地抢救过三例心跳骤停的猝死、致死性过敏休克等严重病人，平时工伤急救也减轻了员工意外伤害带来的致残程度。公司诊所开展的员工心理关爱和睡眠关注，在社区医院率先引进美国食品药品监督管理局（FDA）首选推荐的非安定类抗失眠药唑吡坦，多年来通过对失眠病人及时有效的治疗，使得员工抑郁症早期就得到很好的控制。

公司诊所还通过了南京社保的审核，成为社保定点医疗机构。员工（包括协作单位员工）不仅能方便地使用医保卡看病，而且诊所治疗方案无任何市场盈利驱动，且能通过医保平台享受到社保对普通门诊和慢性病门诊的统筹支付。诊所几乎承担了80%的员工门诊，极大地降低了员工医疗费。艾欧史密斯诊所通过指导员工预防疾病，改善膳食和健身，使得员工更健康，远离医院。

2017年度 A.O.史密斯诊所定点医疗机构数据表（年度处方均价为35.79元）

单位：元

月	刷卡人次	刷卡金额	实际拨付	处方均额	基金支付	现金支付	合　计
一	1 779.00	60 641.87	57 416.38	35.39	324.94	2 309.82	62 951.69
二	1 806.50	61 114.90	56 420.65	34.77	1 853.74	1 699.24	62 814.14
三	2 259.00	73 794.84	70 085.05	32.99	6 319.55	721.24	74 516.08

（续表）

月	刷卡人次	刷卡金额	实际拨付	处方均额	基金支付	现金支付	合　计
四	1 948.00	65 342.74	61 903.65	34.10	7 187.40	1 083.38	66 426.12
五	1 765.00	61 769.15	58 562.89	35.25	9 754.74	445.78	62 214.93
六	1 771.00	61 962.87	58 337.38	35.22	10 593.22	408.46	62 371.33
七	1 397.00	53 745.09	51 057.84	38.75	11 144.03	390.45	54 135.54
八	1 950.00	70 670.13	66 953.46	36.24	16 470.63	397.30	71 067.43
九	2 190.00	79 768.48	75 631.00	36.73	19 141.84	669.82	80 438.30
十	1 842.00	63 829.83	60 415.09	35.22	16 324.46	1 037.82	64 867.65
十一	2 123.00	73 727.16	69 778.70	35.17	18 599.95	937.00	74 664.16
十二	2 580.00	99 412.34	94 378.39	39.29	30 056.83	1 962.87	101 375.21
合计	23 410.50	825 779.40	780 940.48	35.79	147 771.33	12 063.18	837 842.58

培养专业的急救员队伍

当国内应急救护培训普及几乎还处于元年之时，艾欧史密斯早在1998年就开始和江苏省红十字会合作，定期举办初级急救员培训。"现场心肺复苏""简易除颤仪 AED 的使用及练习""气道异物梗阻及急救""现场创伤救护（止血、包扎、固定、搬运）"，一堂堂开始感觉有些高深莫测的课程，在不断地操作与练习中提升了学员们的急救本领。所有学员通过心肺复苏的理论考试和操作考核后，可以领取中国救护员合格证，成为企业和社会的具有应急救护技能的"救护队员"。目前员工累计经过急救员规范化培训并取得上岗证的接近全体员工的10%。

健康数据及时分析和应用

公司除了员工年度体检，更重要的是将体检结果进行归纳分析，建立数据库。所有的健康管理项目和实施改善过程也可以通过数据得到可量化的效果反馈。发现情况及时和员工沟通，做到有病早治疗，多年来通过体检有十多例发现的早期肿瘤得到及时的手术治疗。一些处于萌芽状态的慢性病也得到及时控制或通过生活方式的调整得到改善。体检结果数据分析还用在员工餐厅食谱改进（建立 A/B/C/D 餐供不同体质员工选择）。多年来艾欧史密斯高血压、糖尿病发病率不到 3%，远远低于社区 9%。

健康教育全方位宣导

从视频到看板、企业微信号，健康教育、EHS 知识宣传、心理关爱无处不在。2018 年以来公司诊所的健康看板从椎间盘突出到噪声对听力影响共出版 10 期，深受员工欢迎。

艾欧史密斯在 2013 年建立了规范化的母婴室，母乳喂养已经成为哺乳期员工的必选项目。同时还开展了规范的 ESH 培训，连续 21 年对生产现场进行工业卫生评估、检测以及有害因素生产线员工职业健康监护。此外公司每年投入大量资金用于现场降低噪声改造，对噪声地区员工进行耳塞适应性评估，确保员工实际接受噪声量低于 85 分贝。建厂 20 多年没有发生 1 例职业或疑似职业病患者，用时间和事实践行健康管理理念。

2017 年艾欧史密斯通过 ISO18000 的评审，实践证明比文件规范化要求做的还要好，多年来多次荣获南京市和江苏省职业健康管理先进单位或个人。同年还承办了南京市职业病防治管理年会，将企业职业健康管理的经验积极分享和传播，辐射到社会。

艾欧史密斯公司通过有效开展职业健康管理、健康生活方式的促进和社区医院服务等项目，"360 度"无死角地为员工提供了从预防到治疗的全方位健康保障。在医疗保险计划上更解除了员工生病后的后顾之忧，提供更完善的员工福利计划、员工成长计划、员工沟通等，诸多方面关爱员工，给员工更多健康保障。

高管访谈

访谈对象：**杜以玲**　艾欧史密斯（中国）热水器有限公司人力资源副总经理

编委会：A.O.史密斯是跨国公司本土经营成功的一个典范。有研究者将 A.O.史密斯在中国的成功，归因于企业文化的推动和价值观的落地，是这样吗？

杜以玲：随着 A.O.史密斯于 1998 年在中国南京成立独资公司之后，百年价值观也带到了中国，综合起来可以归结为"四个满意"——让股东满意、客户满意、员工满意和社会满意。在 A.O.史密斯这四个满意是不分前后顺序，并且是同时都要做到。我们总裁丁威先生一直强调与全球公司一致的价值观和做事方式，倡导"员工、公司一同成长"。通过价值观推动活动，A.O.史密斯让每一位员工都能在企业中得到成长，并且将员工自身价值的实现与企业的发展有机地结合起来，形成企业发展的强大推动力。

编委会：你们是如何做到员工满意的？

杜以玲："快乐工作"一直是我们公司倡导的重点，并渗透在每一个人的日常工作和行为之中。它意味着敢于挑战，引领潮流；创造价值，引领行业；攻克难题，造福用户；承担责任，认真做事。它也意味着友善自由的氛围、公平公正的待遇、不设天花板的发展空间。

在成长空间、工作环境方面，我们拥有以 TRIP 模型（团队领导、结果导向、创新能力、专业能力、激情）为基础的岗位年度述职考核机制，通过客观有效的高潜力人才盘点和绩效薪酬机制来认可每一位员工的贡献和价值；内部竞岗制度，为员工的横向发展提供了桥梁；特有的管理培训生项目为优秀大学生员工纵向发展提供快速通道；Smith Engineer 项目和专业技术晋升通道为研发和技术人才开启了绿色通道；与此同时，也通过各阶段领导力培训活动、综合实操培训和一线管理人员公平选举制度等创新性人才选拔和培养机制，助力员工综合发展，成为复合型人才。

在尊重员工、公平公正方面，我们也搭建了有效的沟通保障制度，设立了 7 大沟通渠道，来方便员工沟通互动、及时反馈；同时为保障诚信合规的建设和透明度，开设了针对不合规现象的员工举报平台，确保每一位员工都能在企业内获得公平公正的对待。

而在福利待遇方面，我们也通过"员工家庭日活动"等丰富的员工活动、具有竞争力的薪酬待遇、员工优惠购机、服务年限纪念奖、公司业绩纪念奖、免费上下班车、免费员工营养午餐等系列方式，为员工提升工作幸福感指数。

（本文采写：刘磊　程玮）

Project Yi 助力"领导力 2020"战略升级

公司简介

　　戴姆勒股份公司是全球极具影响力的汽车企业之一。戴姆勒集团旗下业务部门包括梅赛德斯-奔驰乘用车、戴姆勒卡车、梅赛德斯-奔驰轻型商务车、戴姆勒客车和戴姆勒金融服务,是全球最大的豪华轿车厂商之一,也是全球最大的商用车厂商,业务遍及全球各地。公司创始人戈特利布·戴姆勒和卡尔·本茨于1886年发明了汽车,书写了历史新篇章。作为汽车工业的先驱,戴姆勒将塑造安全可持续的出行方式作为自身发展的动力和使命,致力于通过技术创新推动绿色革命,打造安全可靠性能优异且极富吸引力的出行工具。除此以外,戴姆勒提出并遵循"瞰思未来"战略,围绕智能互联,自动驾驶,共享出行,电力驱动四大支柱开展业务,进一步塑造未来出行新境界。

　　戴姆勒大中华区投资有限公司成立于2001年1月,总部位于北京。公司负责如下业务单元:梅赛德斯-奔驰乘用车、梅赛德斯-奔驰研发中心、梅赛德斯-奔驰轻型商务车、戴姆勒卡客车、梅赛德斯-奔驰金融服务以及戴姆勒零部件贸易服务。其业务范围覆盖中国大陆、香港、澳门及台湾地区。

最佳实践

在一个业务不断增长的车企，与办公椅每天厮守 8 小时＋乃是常态。一把舒适的办公椅，是对健康的投资，也是保持最佳工作状态的要素。

2017 年，出于对员工健康的重视，戴姆勒管理层决定大幅度升级员工的办公椅。这可不是从 iPhone 7 到 iPhone 8 这种程度而已。腰托？椅背倾斜？人体工学？都有！

说到进入最后角逐的两把椅子，可都是过五关斩六将突出重围的。在过去几个月的时间里，从起初 19 个品牌的长名单，经过资质审核、展厅拜访以及工厂考察等过程，最终有两把办公椅脱颖而出。所以，用百里挑"椅"来形容毫不夸张。

寻找到最合适的这把办公椅，公司决定要听取它未来主人的意见。

于是，就发生了这样的故事——戴姆勒员工的椅子采购方案最终是由每一名员工一票一票投票选出来的，公司董事长兼首席执行官亲自参与，都投出了自己的一票，并且跟普通员工一样，只有一票。听亲身参与的同事分享，投票的那三天时间，两家供应商使出浑身解数为员工们讲解花式调节，腰托支撑，人体工学……舒不舒服，员工试坐了其实就知道了答案。

最终其中一把椅子以 22 票的优势险胜。一把精心挑选的人体工程学座椅，如何发挥最大的作用，戴姆勒公司另辟蹊径，没有沿用行业惯例请专业工程师通过讲座的形式讲解或者分发使用手册请大家自学。戴姆勒真正做到"以人为本"，邀请座椅的供应商派出一队人体功能学专业工程师，给每一位员工做一对一的调节。最后还很有仪式感地请工程师和这把椅子的主人（员工）共同签字专属的名片，纪念这把真正根据每个员工的身体量身调节的椅子。戴姆勒项目组负责人告诉我们，"舒服，不代表健康，我们更多地应该朝向科学和健康去调整我们的坐姿；而且坐得好了，我们会做得更好！"

"一把椅子的故事"是戴姆勒公司在新的办公文化下更加注重员工健康

和尊重员工选择的一个缩影。

Project Yi——不仅仅是搬家这么简单！

在戴姆勒集团，现阶段最引人瞩目的变化就是公司文化的改变——领导力 2020。而这个改变，也在潜移默化地影响着整个企业的特质。

2016 年 1 月，戴姆勒/梅赛德斯-奔驰启动了"领导力 2020"项目，并在全球范围内推行。自从启动了"领导力 2020"项目，公司开始有针对性地改变、质疑甚至颠覆既定的管理流程和组织架构，使新的管理文化成为可能。例如，为了增加组织的灵活性，戴姆勒/梅赛德斯-奔驰鼓励员工在日常工作中随时成立讨论小组，有针对性地解决工作中遇到的难题。对于一些共性问题，公司还专门设立了跨部门联盟。将公司相关部门中的精英员工抽调出来，组成一个新的团队，以快速、高效地解决问题。这样一来，公司的日常经营就摆脱了级别、部门的约束，真正实现互通有无。

Project Yi 项目是戴姆勒公司"领导力 2020"战略升级中的一个重要的具体实践，整个项目包括由独具特殊含义的六个中西方文字 Yi 搭配组成：MOVE（移 Yi），CHANGE（易 Yi），COMFORT（宜 Yi），ENJOY（怡 Yi），TEGETHER（一 Yi），COMMIT（意 Yi），紧紧围绕戴姆勒中国新办公空间的布局和细节设计，以公司搬迁这一重大事件为契机，充分体现了管理层对于领导力变革和创新的决心，重塑了新的组织健康文化和高效灵活的工作环境。

说到 Project Yi 的诞生，不得不从两年前说起，戴姆勒公司的新大楼装修方案迟迟定不下来，管理层认为不能单纯以一个"人员资产搬家"的事件来定义这个项目，它的意义远没有我们想象的那么简单，它应该是戴姆勒"领导力 2020"文化变革的具体实践。于是公司决定从各个部门抽调精兵强将，组成这个全新的团队——Project Yi 在集团战略部应运而生。

接下来，我们应该有一个什么样的新办公空间？这是摆在项目组面前的新挑战，没有前车之鉴，设计公司给出的方案也始终不那么让人满意。事实上,工作场所的变革并不应该只是跟随潮流或者模仿竞争对手,每个办公空间都应有它独一无二的特质,而决定这个特质的关键就是这个企业的文化。项目组负责人告诉我们:"奔驰品牌倡导 The Best or Nothing,而我们未来的办公空间也应该是适应戴姆勒文化的 The One and Only。"

以人为本(People-Centric)是戴姆勒公司始终追求的目标,所以 Project Yi 启动后在整体设计上共进行了 29 次高管访谈,6 次研讨会,共收到 819 个调查反馈,其中 51% 的员工在"改善健康和福祉"上提出了强烈的诉求,也恰恰在此时"WELL"走进项目组的视线里,打造一个健康的职场环境成为团队的终极目标。

关于健康的定义有这样一句话,"健康是指一个人在身体、精神和社会等方面都处于良好的状态。"

因此,如何促成这样一个良好的状态成为 Project Yi 团队思考和努力的目标,比如他们在整个大楼里安置了一套让你如沐春风的新风系统,在办公空间的各个角落放置了可以安抚人心的 IQAir 空气净化器,空气指数随时随刻可以在大楼的液晶屏幕上显示;办公室的饮用水都是经过过滤的直饮水,还有小瓶的瓶装水提供,但当发现经常会出现喝不完整瓶而有剩余的现象出现时候,公司决定随后取消瓶装水供应,传递环保理念减少浪费;在每栋大厦的咖啡厅里,更是取消了可乐和热巧克力,取而代之的是健康的餐食和鲜榨的果汁,而咖啡厅的开放式设计也成了员工们利用午餐时间增进交流的一个良好指引。

戴姆勒新办公空间还打破了自然光线过去只有临窗员工才可以有的特权,打破了独立办公室的布局,以开放和共享的模式让员工平等拥有健康的权力,将所有员工的办公工位放置在临窗的位置,会议室设置在大厦中部的区域;另外经过现有员工健康使用的调研,设置了一个让员工可以旋转跳跃不停歇的宽敞明亮的瑜伽室。

为了员工的健康需要,办公室还设置了 30% 的站立式办公区,为女性员工配置了专属的母婴室以及每个人按需配置的高跟鞋小推柜,真正从每一个小细节上做到以人为本,更关注到员工尤其是女性员工的情绪和心情。

我们在整个戴姆勒大厦看到的所有绿色都是以真实而有生命力的绿色植物装饰，尤其是在咖啡厅的空间设置，更是促进了企业开放、分享、高效的新文化的塑造。

目前办公空间一期顺利获得了国际 WELL 建筑研究院™（IWBI™）颁发的 WELL 建筑标准黄金级别认证，目前是全亚洲面积最大的金奖项目。二期预计也将在 2019 年一季度顺利通过。

新环境，心开始

大家对健康的重视，对项目组而言，不仅是设计一个全新的办公室，更是要创造一个让大家能健康舒适办公和社交的环境。

从 2017 年 8 月开始，Project Yi 项目团队就在公司内部开展每个月一次的宣讲会，从六个 Yi 的角度深度剖析了新办公空间的新理念，也在润物细无声中宣扬了公司的新文化和新的人文关怀。这样的 YiClass，场场爆满，并分别罗列了每次的主题和关键词——

8 月 YiClass 关键词：COMMIT（意）— We commit to our people.

9 月 YiClass 关键词：CHANGE（易）— We change the way we work.

10 月 YiClass 关键词：COMFORT（宜）— We care people's health and well-being!

11 月 YiClass 关键词：TOGETHER（一）— Together，we promote co-creation.

12 月 YiClass 关键词：ENJOY（怡）— We enable great employee experience.

2018 年 3 月 22 日：MOVE（移）— We are moving. 一个值得纪念的日子！

无论是预谋邂逅，还是不期而遇，项目组均倾注了满满的情感在新的办公空间的各个角落里，传达着这家企业的"情绪"，比如说一层大堂的电梯设计分别用了 A、B、C、E、S、G 是代表着奔驰品牌的不同系列产品,在员工的私人物品存放柜设置了 1886(第一部奔驰车诞生年)这样的编号开始,而不是从 1 开始;会议室的名称设置更是集合了员工和企业历史的智慧结晶……这样的细节数不胜数。

作为第一批用户,员工方恺为未来这座新大楼的主人们带来了第一手的"用户体验报告";"感觉能为公司再奋斗 100 年",这是公众号上另一位员工对于新办公空间的感受,相信这也是对于戴姆勒中国 Project Yi 项目成功最好的体现。

"Work place shapes behavior, behavior overtime builds culture." Project Yi 一直在践行着领导力 2020 所倡导的领导力法则,助力领导力 2020 在中国的推广。不论市场和环境如何变化,"以人为本"是戴姆勒公司始终不变的理念和信仰,新办公空间的亮相将带来一个更加开放、高效、健康的组织和文化。

高管访谈

访谈对象：Project Yi 项目负责人

编委会：您一直提到新办公空间楼内增加了咖啡厅设置，目的是什么？

项目负责人：咖啡厅是我们新办公室的一个重要配置，我们计算了员工午餐中午吃饭时间平均是 1.5 小时，我们希望将公司的高管以上群体尽量多的时间留在公司，所以我们在咖啡厅设置了可以满足他们健康的简餐。另外他们有很多时候需要和团队或者其他部门的人进行沟通，以前都是发送邮件或者是预订会议，可能要 1 个月以后才能安排出合适的时间，而在这个咖啡厅，他们可以见到更多跨部门的同事，很多问题，当面几句话也就解决了。我们的 CEO 也是几乎每天都会光临这里，高管团队也经常会安排一些 Lunch Meeting。在这个咖啡厅，员工看到的是健康、舒服，管理层看到的是更加高效。

编委会：您认为一个好的健康办公空间的标准是什么？

项目负责人：除了符合 WELL 的认证标准外，一个好的健康空间我认为是"有人用"，而不只是设置一些徒有其表的装饰和配置，每一个细节应该考虑到员工在日常办公中的行为习惯，例如站立式工位和一些供短暂讨论的空间的位置安放，可能不能离工位太远，也不能离工位太近；如果功能空间没有人使用就是一种浪费，当然环境对员工健康行为也是一种引导。所以我觉得搬家不是一个结束，而恰恰是一种新文化的引导，我们拍摄了一些宣传片也在向员工传播如何正确使用办公室的各种功能，希望对他们的健康有所改善。

（本文采写：刘静　刘磊）

方太集团：

中国传统文化引领健康管理

公司简介

    位于宁波杭州湾新区滨海二路的方太集团,创建于1996年,22年来忠于初心,始终专注于高端嵌入式厨房电器的研发和制造。截至2018年8月,方太已拥有了2 066项专利,其中实用专利数1 405项,发明专利数量316项。雄厚的科研力量,确保了方太的创新实力。

    方太一直致力于为追求高品质生活的人们提供优质的产品和服务,打造健康环保有品位有文化的生活方式,让千万家庭享受更加幸福安心的生活。以其创新的厨电科技,推动家庭厨房品质升级,在厨电行业一直处于领先地位。

    作为一家以使命、愿景和核心价值观驱动的公司,方太所有的工作都随之展开。

    在2018年2月8日的方太年会上,方太集团董事长兼总裁茅忠群先生宣布了方太新使命——为了亿万家庭的幸福。在方太新使命中,最关键的词是"幸福"。这里的家庭不仅仅是指方太顾客的家庭,还包括方太员工的家庭,方太合作伙伴的家庭,方太大家庭,祖国大家庭,乃至人类大家庭。

    方太目前在全国拥有员工18 000余人,在茅忠群先生看来,儒家的核心在于仁爱,只有让员工感到温暖,感到归属感,才能生产出更好的产品,就好像"在为家人工作"。

    在这样的企业文化和思想导引下,方太的企业健康管理,展现出自己的独有风采。

最佳实践

走进方太集团采访参观时,有两个小姑娘走在前面,她们身着白色文化衫,后背分别印着一行字,一个写着"我错了!"另一个写着"我也错了!"

原本以为这是什么网络流行语,一问之下才知道,这是方太"家庭幸福观"提倡的"幸福五句话",分别是"我错了!""我也错了!""我帮你!""谢谢你!""我爱你!"

此时正值方太校招结束,372 名刚刚从大学毕业的学生,集中在方太大学文化学院的大讲堂里,进行集训。"幸福五句话"被这 372 名大学生穿在身上,而此时,在他们心里,也应该会牢牢记下这最简单、但也最有用的幸福用语。这群穿着统一白 T 恤的年轻学生,走在方太厂区里,特别显眼,像一支新生力量正在汇入方太大军。

这样的培训,在方太大学常年进行,也正是方太健康管理的一部分,可以说,就像这些新生进入企业要进行企业文化集训一样,对方太来说,员工只要进入方太大门,从身到心的健康管理也是标配。

关注心理健康

走在方太的厂区,随处都可以听到舒缓的古典音乐,甚至在操作车间也能听到,这是方太一大特色,工厂也有 BGM。听了这些音乐,会让人慢慢平静下来,内心的浮躁也消失了。

这些背景音乐,都不是随便找的音乐片断,它们或是经过专业人士精选的经典,或是方太请专家原创。作为方太坚持的中华传统文化的一部分,这些音乐会在一些盛大场合使用,而在工厂里不间断播放,则是用以陶冶员工的情操、缓解他们的压力。

茅忠群先生说,方太要为员工营造一个利于追求幸福的环境,他也提出了新时代的家庭幸福观"衣食无忧、身心康宁、相处和睦、传家有道"。这个幸福观中，"身心康宁"是方太在员工中不断提倡的，特别是员工的心理健康，更是重中之重。方太虽然没有设立非常直观的数字目标，但提升员工内心的"幸福感"表达了所有。

员工身心康宁，拥有幸福感，就要让员工的内心"富足"起来。

方太大学负责充实员工的知识、技能，陶冶情操，增长素质财富。这个企业大学成立于 2016 年 9 月，公司各个部门都有培训管理员，负责课程宣传及员工咨询、报名等，所有课程都对全员免费开放。几年下来，除了促进员工职业发展、素质成长之外，各类幸福生活文化的培训，也让员工从内到外有了很大的转变。这从方太员工的待人接物、礼仪风范，尤其是他们脸上的笑容，是完全可以感受到的。

员工内心"富足"了，还要有文化来不断滋养。方太坚持"礼乐文化"的传承，让员工沉浸在中华传统文化、儒家思想精髓之中，内心有了强大的底蕴支撑，就会更智慧、更幸福。

比如，方太 2018 年即将举办"中式集体婚礼"，企业文化部会为新人们策划婚礼，由董事长兼总裁茅忠群先生来证婚，公司的名誉董事长茅理翔先生还会为每对新人亲笔题写"幸福家庭"的裱框。在这场盛大的集体婚礼仪式之前，方太首先会组织准新郎新娘进行婚前教育培训，把《开启幸福家庭的密码》《亲子教育之法》《与公婆/岳父母相处之道》《传统婚礼的精神、仪节与实践》等课程教给新人们，帮助新人实现角色转变、认识婚姻的责任、学习夫妻相处之道等，为他们能有一个美满家庭而做很多铺垫。

除了帮助员工"成家"，还会有帮助员工正确"成人"的"成人礼"、了解时令节气的"岁时礼"、人与人之间相处之道的"内部相处礼"……这些不同的活动，给了方太员工时时处处的"文化滋养"。

有了"文化滋养"，还要让其转变成个人行为，"五个一"行动计划就是其中一个落地项目。这"五个一"分别是立一个志，改一个过，行一次孝，读一本经，日行一善。每一个方太员工，从董事长茅忠群到普通的车间工人，都有自己的"五个一"。走到方太各部门，都会看到明显的位置张贴着这个部门成员的"五个一",可日日比照实行。

内心康宁,是一种从内自发的健康,这种健康对于任何一个人来说,都是非常重要的,而方太花了大量时间、人力、资源所努力想去实现的,就是希望每一个方太人,首先是内心富足、康宁的。

改善身体健康

在"身心康宁"中,"身"的健康,也是方太十分关注的。

方太在 2014 年开始强调中医文化,原因是,在疾病预防上,中医有明显的优势。随着推进的深入,方太于 2016 年 4 月建立了企业中医医务室。新入职的大学生也推广过 5 期,到 2017 年底,一共有 90 多批次、超过 9 200 人次接受了中医文化的培训。

在方太,会有很多中医方面的普及课程,各种大课、小课时不时地开课,也都是聘请著名的专家、学者来给大家讲解、普及中医常识,有时候还会有一连 6 周,每次 2 小时的课程,不仅自己员工可以去听,还可以开放给员工家属。这样一来,不仅员工有了中医知识,连他们的家属也被一起普及。

方太的中医推广中,最有成效的,还是建立中医医务室。在 2016 年刚建立时,共有 2 名中医师坐诊,他们为员工搭脉问诊,开些中药方子,做中医理疗、艾灸、针灸等等,都是免费进行的,员工家属也可以随时来医务室就医。

中医以预防、调理为主,很多时候是知微见著,通过解决日常的小毛病就预防或阻止了大病的出现,很多员工在中医医务室治好了自己的毛病,也有很多家属,特别是家里有慢性病的老人,也都通过中医调理有很大的改善。

两年下来,方太的中医医务室名声在外,得到了员工的认同,家属、工厂附近的居民也都来就医,原来的小诊室已经完全容不下就医人数了,现在方太已经把中医医务室搬迁到更大的空间,也加大了投入,希望更多员工因此受益。

与此同时,公司还大力推广武当太极的普及活动。公司部门长以上的80 多人,全部参与"武当养生太极班"。80 多位高管每个周三,都要花一个晚上的时间,专门用来学习养生功夫,由请来的太极高手一对一指导,内容包括太极十八式、脊椎功、肩颈功、道家活络功、道家八段锦、养生桩功、太极混元桩、擒拿技法、华佗五禽戏等。专家会根据不同的人、不同的身体状况，为其选择最为适合的功夫。大部分高管学员，之前或多或少都会有些身体上的小毛病，经过这样的训练，找到适合自己的功夫后坚持练习，身体健康状况和精神面貌得到了改善，一些肩颈僵硬、腰脊椎酸疼、膝盖酸疼、皮肤干燥、夜间盗汗等问题都逐渐消失。像70多岁的原党委副书记、工会主席胡学时，之前是血脂、血糖都偏高，专家给他指导了一套"八段锦"，他坚持每天锻炼1个小时，几年下来，血脂、血糖问题都有所缓解，实现了不吃药降糖的理想效果。胡书记退休后被方太返聘，依然工作在一线。

80多位高管们尝试之后，对于太极有了相当好的体验感受，他们开始有强烈的意愿向下推广太极养身功。"武当养生太极班"就从高管到骨干再到员工，一级一级推下去，2016年时已经在员工中形成了大规模的推广和流行。其实光培训也是没有价值的，方太更讲求"学以致用"，也不断推动员工坚持练习，像老书记胡学时一样，大多数方太太极学员也都在坚持使用这个功夫强身健体。

强调饮食健康

都说民以食为天，在方太，餐饮不仅是健康管理的重头，还是员工"幸福感"的一个重要组成部分。

方太的餐饮讲究四个要点：安全、营养、健康、实惠。这些年来方太始终坚持自己来做员工餐饮，目的就是要让员工饮食健康。

餐饮由方太物管部门负责，他们的首要任务就是确保食品安全、卫生，让员工吃得安心。除了严格按照"餐饮五常管理法"，还对食堂工作间采取了实时监控……方太员工食堂是浙江省安全卫生示范食堂。

营养是重头，物管部门专门有三位高级营养师，主要工作就是为员工餐饮营养、健康服务。他们设计每天的菜谱，进行营养配比，还要照顾个性化需求，让同一菜谱在烹饪时有不同的烹制方法，以适应不同的员工需求。他们每天要发布当时菜品,每顿饭不能少于 16 个品种。

在 2014 年,随着大家健康意识加强,对养生诉求越来越强,方太开辟了素食餐厅。营养师们贴心推出全套素食自助餐的菜品,用来改善员工们的饮食习惯、增进健康。这个素食自助餐,如今在方太很火,虽然是比其他食堂价格稍贵,但常常是去晚了就没有了。员工们都有意识地选择素食去调节自己的饮食,如今方太已经建立了三个素食自助餐厅。

说到贵,其实方太这样的素食自助餐,一顿也只要 10 元,而普通食堂的菜品最高单价是不能超过 3.8 元的,一般一个员工一天花上十几块就能吃饱一日三餐了。这样的实惠,就是方太希望给到员工幸福感的地方,通过常年补贴食堂,也要维持这样的实惠,让员工吃得满意。

吃好,营养均衡,花费少,是方太这么多年在员工餐饮上的要求,也是它健康管理上的重点努力。

特殊人群特别措施

在方太有一个特殊的群体,是被特殊对待的,就是"客户体验部"。这个部门主要与方太顾客进行在线交互,工作性质是 24 小时倒班,沟通渠道包括电话及互联网渠道,员工平均年龄在 23～24 岁之间,面对厨电购买及使用的主力人群,不仅年龄和阅历都有差异,还有品牌定位所带来的高标准严要求,所以员工有较大的职业病风险和压力问题。

用客户体验部相关负责人的话说,就是"这是一个奉献能量的工作,如果长久付出能量却没有渠道帮助员工提升能量,那员工会陷入不好的情绪里,走不出来的"。

这个行业在社会上是容易被忽视的,但在方太,不仅在战略定位上给予这个部门充分的重视,更从员工健康角度出发,在很多方面为这个部门制定了个性化健康策略。

营造健康环境:为了充分降噪,办公室使用吸音材料装修;办公家具的布置是按照员工具体业务特性特别布置,不同业务内容,有不同的办公风格，比如，新渠道交互中心主要通过互联网渠道与顾客交互（微信、微博、QQ的步伐），办公桌的尺寸就更大，隔板高度中等，方便员工间交流；而语音交互中心主要是通过电话与顾客交互，办公桌设计较为独立，隔板高且设置透明，主要以降噪为主保持适当的沟通；由于是 24 小时工作，办公室的灯光色温与自然采光结合，保证人体长时间办公时最舒适的采光环境；软装上，像窗帘颜色这些，都从人性化的角度，经过专业人士特别选择……

配备健康设施：客户体验部女性员工多，公司特别为孕期妈妈及哺乳期的妈妈设置了母婴室；配备了健身房、体感运动房、减压室、图书馆等，以便让员工在任何工作的间隙都能方便地解决身心健康需求。

心理健康保障：除了硬件上的投入，在情绪疏导上，也为这个部门员工考虑良多，主要是通过文化落地、文化培训、情绪管理培训、各类团队活动等，来教授情绪管理及舒压方法、提升员工正能量。这个部门更有花样繁多的员工自建生活协会，例如 DIY 协会、烹饪协会、健身协会等，都是员工自行组织，公司为协会匹配一定的资源，而员工也能在组织的过程中发挥自己的特长，锻炼自己的能力。比如，部门捐助了 9 个甘肃的小朋友，每年捐助他们生活费、学费，每个小朋友1 000元，这些钱，就是通过 DIY 协会、烹饪协会做些东西义卖赚出来的。员工能在这种活动中看到自己的价值，也能因为正能量的传递而缓解自己的压力。

客户体验部相关负责人表示，对于客户体验部门来说，能量建设有两个层面，一是自我提升以便更好地服务方太顾客，一是组织层面上通过知行合一、奉献社会，真正地带给员工一些能量和改变。

健康管理不断迭代

正如在推广传统文化时，方太采用从高层到员工逐渐下沉的分步方式推广，方太的整个健康管理，也是在企业文化的不断推进基础上，不断迭代。

现在正在方太进行尝试的，是一个叫"幸福健身法"的新项目，它包括两项内容，一个是幸福健身操，是经过与专业人士研讨最终总结出的一系列简单运动的方式。它不需要很多地方，几个非常简单的动作，就能帮助员工从往上拉伸到下蹲，锻炼到手臂、颈椎、腰椎等等，一次连续做 30 组，就非常能缓解身体问题。

另一个是 312 健身法，其中"3"是指三个穴位，颌骨、内关、足三里，这三个穴位关联着人体头部、上腹腔、下部等最关键的部位，通过一些按压、按摩，对身体有非常好的促进作用。

这个幸福健身法正逐渐推广到全员。

健康管理是需要随着企业文化的变化、需求的变化、技术的革新等，不断变化它的形式和做法，而方太一直坚持不断迭代、分步推广，这也让他推出的每一项健康项目，都最终能走得长久、有效。

中国传统文化引领健康管理

当问到方太的健康管理是如何做成以中华传统文化为核心的健康管理体系时，方太人员＆文化总监蔡江南先生说，并不能说方太已经建立了健康管理体系，现在所有这些健康相关的举措，并不是刻意而为，是企业文化使然。

而方太的企业文化，不管是其核心价值观中引入的"仁义礼智信廉耻勤勇严"还是使命中的"为了亿万家庭的幸福"、创新目的中的"为了幸福"、幸福观中的"衣食无忧、身心康宁、相处和睦、传家有道"，都浸透着中华传统文化、儒家精髓，而正是这些文化，让方太在看待员工、关爱员工上，形成了独特的思考和运作方式。

也可以说，方太的健身管理，不是一个独立的行动，而是在它的企业文化中孕育出的保护员工的本能。

而这对员工的影响是更深刻的。在导入儒家文化之前，员工敬业度调查得分只有 50%，而随着儒家文化的深入推进，这个数据就一路上升，2017年达到了 87%，超过最佳雇主平均分值。

在这样的企业文化、健康文化中，相信方太一定能做到它对员工的承诺：让员工得到精神物质双丰收，事业生命双成长。

高管访谈

访谈对象：**蔡江南**　方太集团人员 & 文化总监

编委会：方太把中医文化作为员工健康管理的重要工具，是基于什么考虑？对于员工健康起到了什么作用？

蔡江南：方太是一个以人为本的企业，对于员工的健康和安全都十分重视，这也是当时引入中医文化的一个重要原因。另一个层面中医文化及理论充分体现了中华民族文化特色，推广中医文化是方太公司内部文化落地的一种方式。方太做企业文化的一条原则是"关爱感化"，目的是帮助员工获得"心灵品质"的提升，进而让员工和企业共同成长。这就意味着，我们做企业文化必须摆正出发点，把关爱员工放在第一位。从这个点出发，就会想到要"关爱"员工什么，身体健康自然而然被纳入议题。而方太又特别尊重传统文化，所以中医自然就被引入进来。中医本身也是很有特色的，它强调"治未病"，就是强调没生病之前的预防，同时，又强调健康的生活方式和饮食方式。中医在方太普及这几年，我们感觉受益很多，除了同事，还有很多员工家人，有很多具体的案例可以讲。我们引入中医文化做健康管理，并不只是为了简单地帮员工看个病，而是要做中医文化的推广，这个定位是很明确的。中医文化传播最重要的是理念的认知，让大家有更多认知、感悟后，员工的身心健康自然也就得到了提升。

编委会：方太是否已经形成了自己的健康管理体系，这个体系包含哪些内容？

蔡江南：就方太目前的健康管理而言，只能说初步形成了一定的体系，但还不能说是个完整的体系。方太现在的做法,基本上是围绕着"以正确的健康理念,简单易行的方法,强调防治在先"这一简单的健康管理脉络,再辅以科学、合适的具体活动、做法,来运作员工健康管理。未来要上升到更完整的体系,还有待后续增进。

（本文采写:段芳　智姝婕）

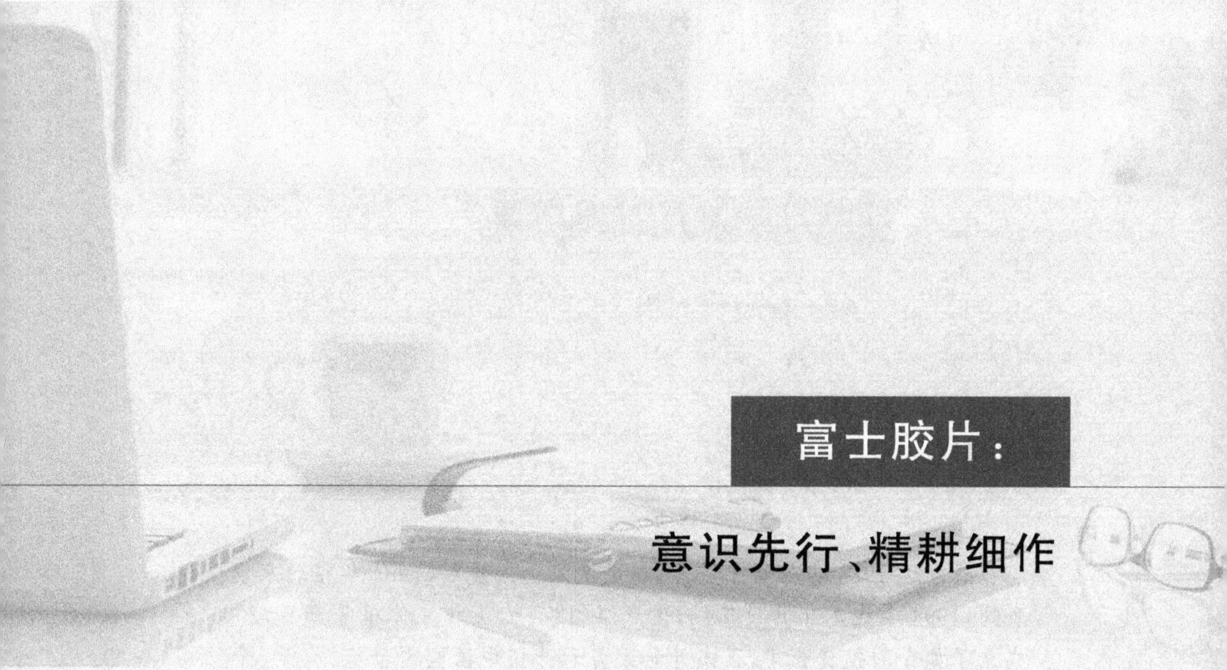

富士胶片：

意识先行、精耕细作

公司简介

　　成立于 1934 年的富士胶片，很早就来中国发展，1984 年在北京设立代表处，1994 年在苏州开设工厂，生产照相机、镜头和一体机等产品，2001 年成立了如今的投资公司，正式开始致力于开拓中国国内市场。

　　富士胶片经营长盛不衰，已经有 84 年的历史。这个历程中，有过胶片时代的辉煌，有过数码时代的傲娇，也经历过主行业衰退、消亡的危机，但一直致力于探索不断变化的时代需求，富士胶片在存亡关头，以"Value from innovation"为口号，进行了"二次创业"大规模的事业结构转型，推出革新的技术、产品和服务。

　　现在富士胶片将其日本总公司的业务几乎全部引入了中国市场，涉及照相机摄影机镜头、一次成像、彩色相纸、医疗胶片、医疗设备、产业材料、胶印用的感光板、数码印刷机、记录媒体等等各个方面。

　　目前，富士胶片在中国（包括台湾、香港地区）拥有包括 10 家工厂在内的 32 个子公司，集团员工总人数约为 1 万 5 千人。

　　经历过多次关停并转，也经历过生死存亡的 84 岁的富士胶片，格外知道"人才"的价值，始终遵从创立伊始的企业文化"We are family"，关注、珍惜自己的员工。无论企业顺境还是逆境，都竭尽所能保障自己员工的"品质"，富士胶片在长久的企业健康管理中，找到了适合自己的最佳健康管理路径。

最佳实践

刚走进富士胶片的办公区，就从会议室迎面传出了一大波欢乐的笑声，笑声过后是激烈的讨论声，像是在开头脑风暴的创意会。问了才知道，并不是创意会，而是富士胶片每两个月一次的新员工见面会。

"家文化，是富士胶片非常倡导的。"富士胶片人力资源部部长姚远介绍说，"所以，每一个新员工入职，我们都要用各种方法确保他能快速融入这个大家庭，新员工见面会就是其中一个办法。这其实也是我们员工健康管理上一个很小的切入点。"

正如姚远所说，通观富士胶片的健康管理全局，可以看到，富士胶片正是以企业的核心文化、价值观作为引领，找到员工最需要的、公司最力所能及的一个个小的切入点，然后从这些小的切点入手，精耕细作，慢慢照顾到员工健康的方方面面。

意识为先，把钱用在刀刃上

费用紧张，想做的、需要做的健康项目又太多，每个公司的健康管理都会头痛预算的问题，富士胶片也一样。

每年年底，富士胶片会根据当年的营收状况，确定下一年的健康管理费用。这个费用往往不会特别多，所以，怎么合理使用，把有限的费用花得更超值，是姚远带领的人力资源部门要去思考的。

"我们钱不多，但我们会先看到问题，也愿意不停尝试，proposal 先提交给老板，有钱时就有机会做了。"姚远把发现问题、寻找合适的解决方案放在前面，这样一来，尽管经费有限，但健康管理的意识是保持超前的，而这种超前的改善意识，也会影响到企业的最高决策者，对问题的最终解决有很大好处。

同时,HR部门做大量公司内外的健康调研分析。特别是在公司内部,她们会不断通过专门会议,或是与部门主管、员工、离职员工交流,收集大家对健康的想法和需求。这些调研结果汇总后,才会根据紧要程度去规划当年的具体方案。

富士胶片的人力资源团队,往往会做很多这样的方案,多数方案可能最终都不会实施,但她们还是坚持去做,用她们自己的话说,就是意识要到位,首先是对问题敏感,其次是如果能引起管理者注意、警示可能性危机,对员工健康也是一种促进。

正因为坚持意识先行,富士胶片早早就在执行一些力所能及的超前思路,比如说员工的健康福利惠及家属,关注员工的工作状态,帮助员工减轻养老育小的压力等等。

意识先行,也让富士胶片的人力资源团队找到了如何高效使用有限预算的"富士胶片方法论"。如果不能面面俱到,就设定好层级、分清轻重缓急,把钱用在刀刃上。

例如,有程序开发部门的主管反馈,发现部门里有些员工压力大,有部分比较抑郁的员工,心理问题比较严重。HR日常观察下来,发现这个部门人员的心理健康确实需要改善。要帮助这个部门解决心理问题,公司就把资源向这个部门倾斜,并计划专门为这个部门设立相应的奖项奖金,让他们感受到价值认同感,还为他们设立了一年两次的团建,在促进团队协作的同时,使他们接受更多正能量的影响,调节身心。这些"舒缓压力"的手段,最终起效,使这个部门充满元气。

姚远反复强调"把钱用在刀刃上",在具体落实时,除了优先核心人才、管理层这些惯常福利分配,富士胶片人力资源团队还会深入到各个BU,了解个性化的健康问题。也就是说,富士胶片的"刀刃",就是公司各种核心岗位、各个核心职员。

小切口,精耕细作的健康项目

在预算有限的情况下,富士胶片的健康管理坚持"把钱用在刀刃上",每一个健康项目，都经过了精心规划，走的是小切口、精细化的路线，着力在员工最需要的地方，所以，尽管项目都不大，但都是深得民心的。

弹性工作制

很多公司都会实行弹性工作制，但富士胶片把"弹性"做得更多样化，从健康角度出发，考虑得更加细致贴心，让人向往。

常规的弹性上下班，在富士胶片已经推行了几个年头，解决的是员工错峰上班、保持身心活力的需求，目前有50%左右的员工在享受这项福利带来的便利。

"孕妇弹性工作制"，是考虑孕期员工经历上下班的高峰拥挤，安全让人担忧，对身心健康也有危害，所以，对于正常上下班有困难，且不需要卧床保胎，能在电脑前工作的孕期员工，公司允许她们向部门领导申请经审批后可以在家办公。

而最大的便利，还是"2天在家弹性工作"。对于上有老下有小的中年员工来说，工作压力本来就大，如果家里再有个生病老人，或是处于升学期的孩子，那生活压力绝对会让人身心俱疲，何谈安心、高效工作？

正是基于这些考虑，富士胶片提供了面向骨干的"2天在家弹性工作"的工作方式。如果家里有老人生病，或是孩子课业负担大，要升学考试，该骨干员工只要向部门主管申请，在确保自身工作不受影响的情况下，就可每周有两天时间在家办公，同时照料家人。两天的缓冲，足够让上班中年族免于生活狼狈，体面地度过生活、工作压力期，所以这个制度，在富士胶片得到了普遍认同。

"我们很理解一些员工的内心焦虑，担心老人，担心孩子，带着这些担心工作，其实也很影响工作效率，对公司来说，也是一种损失。所以我们必须找到一种合理的办法帮助员工，让他们更好地工作和生活。"姚远介绍制定这项制度的初心时说，"再加上，我们是一家销售型公司，很多员工是不定时工作，在家还是在公司上班，对工作影响不大，但对员工来说，却是帮他解决了大问题。员工生活安排好了，心理压力小了，工作也会更高效。而员工看到公司为他着想，就更能看到自己对公司的责任，归属感和忠诚度变得更高了。"

商业保险惠及员工家属

为员工购买商业保险，已经是一个标配的福利，大多数的公司都会提供。但把员工家人也照顾到，就不是很多公司能做到的了。

富士胶片的"健康小切口"路线，让他们看到员工医疗压力最大的，却很容易被忽视的部分，是员工的孩子。孩子是易感人群，生病概率大，就算有儿童医保，费用仍是非常巨大，再加上二胎政策后，两个小孩的家庭越来越多，一个孩子生病，很容易就带着另一个也生病，大人的看护压力、经济压力都越来越大。

如果孩子受的生病之苦更少，大人会更安心，也能全力工作。富士胶片就此开启了"商保惠及员工儿童"的健康项目，在给员工购买商业保险时，同时购买其孩子的商保。这样员工在孩子生病时，可以享受更好的服务，在经济上也能大幅度减轻压力。

这个"小切口"找得非常贴心，很实用，只有看到员工正在经历什么样的问题，需要什么样的帮助，才能在细节处，找到可以帮助员工的健康切入点，才能做出员工认同的健康项目。

正如姚远所说，"我们钱不多，所以我们会更认真地思考钱怎么花，会更多去找对员工有用、帮助更大的方式，让员工真正受益。"

个性化体检

体检，是富士胶片的常规健康管理项目，但这样一个做了多年的常规项目，每年却花去 HR 部门大量时间。

头一年年底，拿到确定的项目预算后，一直到来年 5 月，都是 HR 部门调研、做方案的时间。她们要大量找员工访谈，了解员工对哪些健康问题更担心，更想做哪些健康检查。有了明确需求，她们再去找市面上现有最好、最适合的解决方案，当然，还要匹配她们的预算。

对于富士胶片的人力资源团队来说，再常规的项目，即便费用有限，也要不断确认真实需求、寻找最好的解决方案，还是那个原则，从健康需求小切口出发。

富士胶片的体检最初只有男女的分类，后来基于核心人才保留，有了面向核心人才的特别体检套餐，之后了解到女性员工对于乳腺等女性检查呼声比较大，又添加了特别的女性套餐……除了体检内容更灵活外，在体检时间上，也在不断变得个性化，从最初的固定时间向"你想什么时候去就什么时候去"转变，你觉得冬天不方便，喜欢夏天去，那就夏天去。员工自由度增加了，到检率也相应增加，可以达到90%以上。

体检的细致个性化，并不是富士胶片体检项目的结束，而恰恰只是个开始。

体检后把每一个员工的体检结果归档，让数据沉淀，同时根据第三方服务商提供的总结报告进行各管道宣讲，是富士胶片近几年来的一个体检重点。目前富士胶片可以查阅3年来每一个体检员工的身体状况，这对了解员工整体健康状况、关爱健康危机员工都很有帮助。

体检后的报告解读和各个层面的宣讲，是富士胶片体检工作的另一个重点。

"光是体检，有一个结果，其实对员工帮助并不是很大。所以，体检后，我们会专门邀请正规医院的医生来给大家解读体检报告，让大家更了解自己的身体状况，方便检后的健康保养。"富士胶片体检项目负责人董颖琦介绍说。

在富士胶片看来，体检虽然常规，但是也不是一成不变的，要根据员工需求不断调整，才能真正帮到员工的健康预防。

结合业务，最简单的健康福利

近几年，富士胶片面对本行业消亡，没有停止脚步，而是进行了"二次创业"，这个 80 多岁的长寿企业在原有业务的基础上，确立了六大重点事业，其中就有与健康相关的健康食品、医疗设备、再生医疗、药品等。

在富士胶片工作的员工，有点小毛小病，不是赶快去医院排长队检查，而是习惯性地往自己公司的医疗检验设备部门跑。因为自家公司做医疗设备销售，有许多干式检测仪器，可以很方便地在公司内部帮员工做检测。

"有时候，我们的医疗业务，很能帮到我们的健康管理。"姚远介绍。

最大的帮助，还是来自健康意识。因为公司做医疗相关的业务，不管是研发、销售还是后勤服务，或多或少都会了解些医疗知识。公司也会经常组织学习，培训业务内容的同时，自然也会传递很多医疗、疾病信息，潜移默化之下，员工对健康问题的重视度就比较高，会有自己加强健康管理的意识。

像这样把健康管理与自己的业务相结合，两相促进之下，不管是员工的健康还是公司的业务，都会受益，也不失为一种健康管理的办法。

HR 部门与工会的双保障

在富士胶片，除了 HR 部门为员工健康负责外，工会也会做大量促进员工健康的工作，HR 部门更多做主干性的大项目，像员工体检、健康福利的整体规划及落地，而工会则更多是做枝叶性的健康活动，像中医保健讲座、运动会等。

两个部门之间，形成了很好的健康措施的互补。

更重要的是，富士胶片的工会，很早就倾向于关注员工健康，大部分经费都用于员工健康相关的活动。这样一来，富士胶片用于员工健康的经费来源更广，让员工更加受益。

一切源于公司核心文化

看了富士胶片的诸多健康管理措施后，在谈到为什么可以做到这些时，得到的答案是，源于公司的文化。

虽然富士胶片没有提出明确的企业健康管理概念，但强大的、深入人心的企业核心价值观，已经足以引领、指导全部的健康工作。

首先，人才观。富士胶片非常重视人才，愿意为核心人才付出更多。但在富士胶片，核心人员不一定是高管，只要拥有持续良好的绩效，任何岗位不可替代的人才，都是他们的核心人才。

其次，责任意识。富士胶片讲究"公司为员工负责"，充分承担对每一个员工的责任，反过来，因为责任意识的传递，员工也自然更努力地为公司负责。

然后，讲求品质。84 岁的富士胶片，有一个持久保鲜的秘诀，就是坚持品质。他们不仅强调产品、服务品质，他们更强调员工的品质，他们希望自己的员工不管是身体还是职业，永远保持最好的品质。

最后，关爱协作的家文化。富士胶片倡导"关爱协作"，强调家文化"We are family"。富士胶片努力去做人文关怀，让员工不要活在职场的焦虑里，而是在富士胶片这样一个大家庭，责任共担，福泽共享，每个员工都是家的一员，都会得到层层关爱。

虽然每一项企业核心价值观，都并不是直观健康管理，但从健康管理的意识到每一个具体的健康举措，每一项都实实在在引导着富士胶片的健康管理。

意识先行、精耕细作，富士胶片健康管理，在自己的特点中成长。

高管访谈

访谈对象：**姚远**　富士胶片（中国）投资有限公司人力资源部部长

编委会：富士胶片最初推行健康管理的原因是什么？坚持不断推进健康管理的动因又是什么？

姚远：富士胶片（中国）投资有限公司推行"坚持品质、关爱合作"的企业文化。其中，我们所指的"品质"是广义的，这两个字所涵盖的不仅是公司的产品，也包括了人，即员工。而人的品质包含了"能力素质"和"身体素质"两个方面。正因为重视员工的身体素质，我司从公司成立那年起就为员工提供一年一度的体检。

在每年提供员工体检的过程中，我们都会产生一些新的关注。如，有时员工肩颈的疾病较多见；有一段时间受到空气污染影响，员工更关注呼吸道健康；销售人员由于应酬频繁导致三高；白领精神压力日益增加，抑郁症的发病风险变大等等。对此，我们下定决心，持续推进健康管理，只有确保员工健康，企业才能获得更大的发展。

编委会：富士胶片会基于什么样的考虑去启动一个健康管理项目？一般的规划、实施、创新过程是怎么样的？

姚远：富士胶片讲求"现场力"，即，一切从一线出发，站在员工及业务现场的角度考虑问题做决策，对于健康管理项目也一样。首先我们会倾听员工对于公司做健康管理项目的看法，然后结合企业的经营理念和战略，确定可以使用的资源，再考虑如何将资源最大程度优化，高效利用。

在启动健康管理项目过程中我们也会尝试创新，但这类所谓的创新，实际是打破大家先入为主的观念，做一些框框外的事情。为此，人力资源部的相关成员常常喜欢自我对话，多问几个 Why 和 What。我们会考虑不同的区域是否存在各自的健康管理共性，如何结合这些地域属性去做健康管理；为什么曾经启用过的供应商就一定是最合适的供应商，说不定新出现于市场的供应商更有竞争力呢？人力资源部是否能为每个员工都建立起体检档案……通过不断的自我对话，受到新的启发。

编委会：个性化体检是个比较新的概念，实际操作很有难度和复杂度，为什么富士胶片要选择这样的操作？ 操作过程中，遇到过什么问题，又是怎么化解的？

姚远：考虑个性化体检，其初衷是为了吸引和保留更多优秀的核心人才。如瀚纳士《2018 年亚洲薪酬指南》报告中表明的，认为自己有达成业务所需的人才的雇主数量较上年度有所减少，今年只有 66% 的雇主认为自己拥有，而去年则有 70%。在外部竞争激烈，日益变化的环境中，保留员工不仅要通过金钱刺激，同时也应通过人文关怀。由于员工的性别、年龄层、生活习惯及所处地域环境不同，其体检需求一定会有所不同，所以我们不能因为操作繁琐就忽略这些需求。就操作过程本身，我们并不认为有太大困难，只要始终站在员工的立场上考虑问题，制定方案并实施即可。

编委会：富士胶片的健康管理中，包含了对员工家属的部分，这么做的原因是什么？ 它又为企业带来什么？

姚远：目前富士胶片为员工的孩子提供商业保险。这不仅仅是考虑为员工增加一个福利项目，更重要的是希望通过这种做法使员工能安心工作，让员工感受到一人工作，一家都有保障。这也体现了公司"We are family"的家文化，员工在富士的大家庭中能体会到对企业的归属感。

编委会：富士胶片在推进企业健康管理、促进员工接受并参与健康管理方面取得了很好的成绩和效果，有什么独到的方法？ 有哪些踩过的坑和避坑的经验可以分享？

　　姚远：其实并没有什么独门秘笈，由于我们总部集团的 DNA 之一是崇尚团队协作，在推进企业健康管理的进程中，人力资源部也很重视与工会的协作。因此，在富士胶片（中国），人力资源部主要负责一年一度的体检、员工合理的工作时间调整及商业医疗保险的采购等，工会方面会安排各种面向员工的讲座：如儿童保健、太极拳基础、心理疏导等，也为员工提供羽毛球、瑜伽、健身房锻炼的机会。员工对自我健康管理的意识逐年提升。从近年来我们的医疗商业保险理赔情况和健身活动使用情况来看，目前员工是有病即就医，有时间即锻炼。很欣慰的是，公司员工的病假休假率较低，近两年内没有员工罹患重大疾病。

　　编委会：企业追求的经济效益，而企业健康管理往往花费巨额成本，富士胶片如何看待两者之间的关系？

　　姚远：不能创造经济效益的公司必然消亡，不为员工考虑的企业也无法长久。员工是为企业创造经济效益的主体，员工健康是公司能长足发展的前提。为了确保企业健康管理系统化，富士胶片会做好 3 年的中期预算，并在每年伊始就确保下一年健康管理的经费。经历了 17 年在中国的发展，在我司，这笔预算已经成为固定经费。

（本文采写：段芳　智姝婕）

康宝莱：

营养＋运动的百分百健康管理

公司简介

　　康宝莱是一家全球领先的营养和体重管理公司，成立于 1980 年。通过向人们提供更好的营养以及良好的商业机会去改善人们的生活，实现让全世界变得更健康、更快乐的企业目标。

　　康宝莱第一款产品就是蛋白混合饮料，40 年后它仍然是康宝莱公司的核心产品。而康宝莱的体重管理、心血管健康和目标营养系列三大系列产品，销售遍及世界 90 多个国家。

　　2005 年，在成立 25 周年之际，康宝莱全面进入中国市场。到目前为止已经在全国开出近百家专卖店和服务网点。康宝莱中国现有员工 1 200 多人，分布在广州、北京、上海在内的 60 多个城市，并在 2015 年获得大中华区最佳职场的荣誉。

　　2018 年，康宝莱正式将公司名称改为 Herbalife Nutrition，着重在原有基础上增加和强调了"营养"，而这样的转变，也全面体现在它的企业健康管理中。

最佳实践

康宝莱中国行政中心设立在上海来福士广场，电梯到达后，就能透过玻璃墙看到一间健身房。这不是哪个健身品牌在此特设的网点，而是康宝莱专门为员工们准备的内部健身房，员工可以中午休息时，在这里做一些简单的健身，比如瑜伽、力量训练等，为了方便员工运动前后换装整理，还配备了淋浴房。

在上海人民广场这样寸土寸金的黄金地带，康宝莱却专门开辟出一大块地方，投入费用，建立这么一个内部健身房，可见康宝莱对于员工健康是下足了功夫。

作为一家以营养、健康为主要业务的企业，康宝莱一直以来都特别强调员工健康，特别是在 2018 年初，康宝莱对自己企业的目标进行了重新设定，在"让全世界变得更健康、更快乐"的新目标中，也包含了让自己的员工更健康、更快乐的理念！

意识培养："今天你喝奶昔了吗？"

走进康宝莱的办公室，首先看到一个类似会客厅的空间，在台子上摆满了康宝莱的各种营养代餐，包括维生素、营养补充剂等，这是康宝莱专门为员工准备的营养小站。这里针对全体员工开放，员工可以随时在这里按自己的需求免费取用这些营养产品。

当有新员工入职时，会专门请一个同事带着他来到营养小站，帮他冲制一杯奶昔，请他品尝，以此欢迎他来到康宝莱大家庭，也正式带领他进入营养健康的办公室生活。

除了在办公室可以享受到免费的营养代餐，康宝莱还会给员工提供一定额度的优惠购买机会，这样员工就可以满足自己工作以外的营养代餐需求,同时也能给家里的老人、孩子带来福利。

通过产品陈列、使用体验等行动,把健康理念、习惯带进员工的生活,这是康宝莱长久以来一直坚持的健康管理宣传方式,"今天你喝奶昔了吗?"已经成了员工间见面打招呼的惯常对答。

营养、健康理念、健康习惯的培养,需要一种健康氛围,康宝莱将营养产品渗入每个员工的生活,在全员中营造出很好的营养健康氛围。

玄奘之路,以点带面

康宝莱特别强调"运动＋营养＝健康"这个理念,在给员工足够的营养之外,还要让员工运动起来,而推动的方式是自上而下的:先由高层领导带头运动起来。

在康宝莱流传着一个小秘密:栖身康宝莱的高管团队是要具备一定"颜值"的,身材一定要保持好! 在这样的氛围中,高管们都非常注意运动、健身,除了保持身材外,也用自己"运动＋营养"的实际行动给员工们做示范,让员工们知道"颜值"是靠"健"出来的。这正是康宝莱健康管理"以点带面"的重要策略,目标是让员工形成良好的运动习惯!

把全员的运动热情带动至高潮的,是一项高管团队的"玄奘之路"体验活动。公司要求全国经理级以上的管理层,都要参加,用 2 天时间,在逆风迎沙的戈壁上行走 80 公里,野外露营,而且不光要走下来,还有团队间的比赛,从速度到团队合作都有要求。

为了适应这样的高强度野外探险,高管们有 3 个月的体能准备期,统统都全身心投入到体能训练中,也正是这个密集运动期,让员工更多看到高管们努力运动的样子。

而 2 天的"玄奘之路"不仅是徒步,也是一次身体与心灵的对话,让高管们体验到了非同一般的艰苦和对身体能量超高的要求,很多人在这个过程中脚被磨烂、膝盖严重受伤,有的人因为速度跟不上,最终掉队,或体力不支没有走完全程,但这次活动形成了一种特殊的力量,过程中带给高管们太多的内心触动、感悟，让高管们看到了身心健康的重要性，也激发了他们传播"玄奘之路"精神的热情。

康宝莱连续3年进行了"玄奘之路"活动，很多高管因为第一次没有走完全程，都参与了第二次活动。康宝莱的总裁也在第一次没有完成全程后，在第二年又前往并完成了这个挑战。

完成"玄奘之路"后，带着体验兴奋和内心激情的高管们，开始"发展"这项运动，希望把自己感受到的、体验过的东西带给他们的员工。就这样，在他们的带领下，全国60多个城市的康宝莱员工们在各自的城市里，展开了各自的"城市玄奘之路"——他们选择自己城市有意义或是有难度的路线，组织各种徒步活动，运动风潮一下子就被带动起来了。

到现在，健步走已经成为康宝莱员工日常运动，60个城市的员工经常会组织徒步、越野活动，像康宝莱大北京区的员工，就组织了2天50公里的越野训练营，40多个人完成了一次京西越野挑战；也有员工把这种健康运动结合出行和公益，从世界地球日开始，经过世界环境日，开展了为期三个月的绿色出行活动，53个人，累计绿色出行7 717.59公里，相当于一个人徒步走完了北区16个分公司；减少碳排放量478.5kg，相当于植树5颗……

5公里跑，城市PK带动健康运动升级

用一个特别的活动形式，推广一种运动形式，然后不断推进，慢慢帮助员工形成长久的运动习惯，也是康宝莱在企业健康管理中促进员工行动的一个重要方式。

这其中，从2015年开始坚持到如今的"5公里跑"是一个明星项目，带动了无数康宝莱人爱上了跑步。

康宝莱做过分析，5公里跑是目前世界上很流行的一种健身跑活动，快节奏城市生活一族只要走出办公室，每天抽出一点时间跑上5公里，就能达到强身健体的目的，于是，就引入了"5公里跑"的项目。这个项目不仅针对自己的员工，后来也扩大到了社会，成为风靡全国的一项大赛事。

在这项"5公里跑"运动中,康宝莱对员工更强调"因人而异、循序渐进"的运动观点,因耐力不同,建议因人而异、循序渐进地去推进自己的跑步计划,从500米起跑,逐渐递增,最终挑战5公里慢跑。一般两个多月就能达到每天跑5公里的目标。正所谓不积跬步无以至千里,每天锻炼一点点,就可形成强大的生命力。

正如康宝莱全球健康教育高级总监萨曼莎所说,"每天的营养补充只是向健康迈进的一步,良好的生活习惯和持之以恒的锻炼,才能保持健康的身体。"康宝莱这个"80%营养＋20%运动＝100%健康"的理念,在"5公里跑"项目中,起着很好的指导作用。

康宝莱"5公里跑"最有魅力的地方,在于它的城市PK。员工们逐渐适应了"5公里跑"以后,就开始组织举办各类比拼活动,先是在自己城市内比,慢慢就变成了全国城市联盟PK,这样比赛和区域的荣誉感,刺激员工更积极地跑步、参赛,让这项运动更持久。

城市联盟PK,运用线上平台,记录每个区域员工每天的里程,各区域的员工不断用跑步来增加自己区域的里程数,去获取"最佳联盟城市"的名号,同时也可以得到一定的健康基金。比如,在2017年第四季度的"5公里跑城市联盟赛"中,全国的员工一共累积里程217.49公里,深圳及南昌区以44.96公里的成绩获得胜利。

细节决定价值

康宝莱在做健康管理时,还有一个重要的特点,就是注重细节、不断改进。基于员工的需求和各种情况的变化,找到健康管理细节中可以做到更好的地方,然后去改变,给到员工更好的健康福利。

比如,在健身福利上,就先后有多个不同的方式来进行。最初,是公司在办公楼上的健身房帮高管们统一办理健身卡,让高管们可以随时去健身;后来,全国各地的员工太多,又分散,统一处理有很多不便之处,就变成统一发放一笔健身资金给到个人,大家可以去自己最方便的地方健身。通过这样的不断细化和改进，让员工更便利了，同时也促进了员工真正地进行健身，保障了健身的顺利进行。

健身打卡报销的模式在总监级别以上运行顺畅后，也开始向员工层面延伸，现在康宝莱的员工也享有健康津贴，以现金补助的方式，让员工能享有更好的运动场馆。

健身习惯就是这样慢慢养成的，现在康宝莱的员工对于健身的需求越来越多，包括他们出差时，也都习惯了带着自己的运动装备，出门在外也保持健身。公司为此也开放了一条规则，如果员工出差时觉得自己所住酒店的健身房不能满足自己的健身需求，可以去任何健身房，公司报销费用。这样，员工健身的节奏和习惯就完全不会被中断。

而设立在来福士的自己企业内健身房，也在康宝莱的改造计划当中，希望未来能给员工提供更为便捷、舒适、更有实用性的"工作时"健身场所，配合外部"工作外"健身房，让员工随时可以满足运动需求。

在减重营养代餐或是维生素这些营养品的提供上，康宝莱也在细致地观察员工不断变化的需求。随着公司不断推广健康理念，员工自身的转变也很明显，对保持身材、身体保养的需求都越来越多，而员工家人，像孩子、老人的营养需求也在增多，康宝莱经过研究，把可以给到员工的"营养品福利"额度提高了一倍。这是康宝莱健康管理资源倾斜的一个方面，这种资源倾斜也是在不断微调、不断改进。

在最传统的健康管理项目体检上，康宝莱近年来也在做一些调整。他们会去市面上做调查，找出自己企业体检在市场上的水平，并去研究市场上现在还有哪些更优的体检方案，去微调自己家的体检方案。

2018 年，又引入了第三方机构，从多年沉淀的体检数据入手，再对照国内大多数企业体检数据样本，从而找出自己企业员工健康的整体问题和与社会对比的差异性，再分析形成的原因，找到解决的方法，更好地从体检开始，做更多针对性、实效性的后续健身管理，真正把"体检"这个健康管理的开始做好，并使用好。

健康管理的确是个细活，正如康宝莱人力资源高级经理汤晶所说，"我们在员工健康上做了很多细致的事情，都是在工作日常中自然而然地进行了，也没有特别的成文规则，但是就是注意细节、不断改进才真正有利于员工的健康。"

营养＋运动的健康文化

作为全球营养与体重管理专家，康宝莱一直在探寻健康生活方式与科学减重理念的最佳推广方式。这家拥有近 40 年体重管理经验的国际知名保健品公司，在 2018 年 3 月宣布正式将公司名称改为 Herbalife Nutrition，一直坚持的"营养"理念，在新的名称中，被特别强调，也表达了康宝莱在营养健康上的更加坚持。

体重管理曾是康宝莱的一个标志，通过合理的营养与适当的运动调控身体能量及物质代谢平衡，进而形成良好的行为和生活方式，最终达到并保持理想体重，以促进人体健康和谐发展的目的。而随着健康理念的不断变化，如今康宝莱讲求的是更全面的健康管理。

企业的这些变化，也都通过市场宣传、企业内宣传物的张贴、各种会议的宣导被传递给员工，更加增强了员工的健康意识。

企业文化，是企业健康文化的根源，也是其能走得更深远的精神支柱。康宝莱倡导营养＋运动的企业健康管理文化，正是企业文化一脉相传的结果。

"80％营养＋20％运动＝100％健康"的理念，是整个康宝莱企业健康管理的核心！

康宝莱人力资源高级总监李峰说，康宝莱的企业健康管理，就是从公司建立开始，首先从企业文化上去强调，再辅以公司福利政策上的支持，高层自上而下的推动，这才形成了如今康宝莱这样的企业健康管理现状，但企业文化在这其中，是更为重要的因素！

高管访谈

访谈对象：**李峰**　康宝莱(中国)保健品有限公司人力资源高级总监

编委会：康宝莱的健康管理文化与企业文化、企业愿景之间有什么样的联系？

李峰：在 2018 年，康宝莱正式将公司名称改为 Herbalife Nutrition，而不是之前的 Herbalife，表达我们更着重强调"营养"这个概念，而这个新名字也更好地体现了我们康宝莱的共同目标：让全世界变得更健康、更快乐。这个以"健康"为核心的企业使命，也正是我们员工健康管理的核心文化，可以说健康，就是我们整个价值观，所有的事情都围绕它去打造。你可以看到我们公司现在张贴的这些海报，这些宣传语等等，都是和营养十运动、保持身心健康相关的。也就是说，我们的健康管理文化源于企业使命，在以健康为核心的企业文化大方向中去执行，三者可以说是一个整体！

编委会：康宝莱的高管是如何参与到健康管理推动中的？为健康管理推动起到了什么样的作用？

李峰：首先是说，我们是一家以"健康"为使命的公司，公司的产品和服务都是以"健康"为核心的，在这样的公司里，健康已经是一种潜移默化的观念，可以说是工作带给我们的"附加值"，大家都会更主动一些去保持自己的体形，做更多的运动，让自己更健康。而作为管理者，则更是要以实际的行动来带健康，他们会用很多趣味的形式，去为员工起到示范带头作用。像我们很多高管，都会在微信群里主动去发一些自己运动、健身的图片。公司很多健康项目的推动，也都是从高管开始推，一般城市经理层级以上的管理人员,都会是各个健康项目的首批体验者,然后,通过他们再把这些项目在各自的城市、区域内推广开来,这也就是为什么康宝莱能够把很多健康项目做成功,带来全员参与,还能坚持很多年的一个重要原因。

(本文采写:段芳 智姝婕)

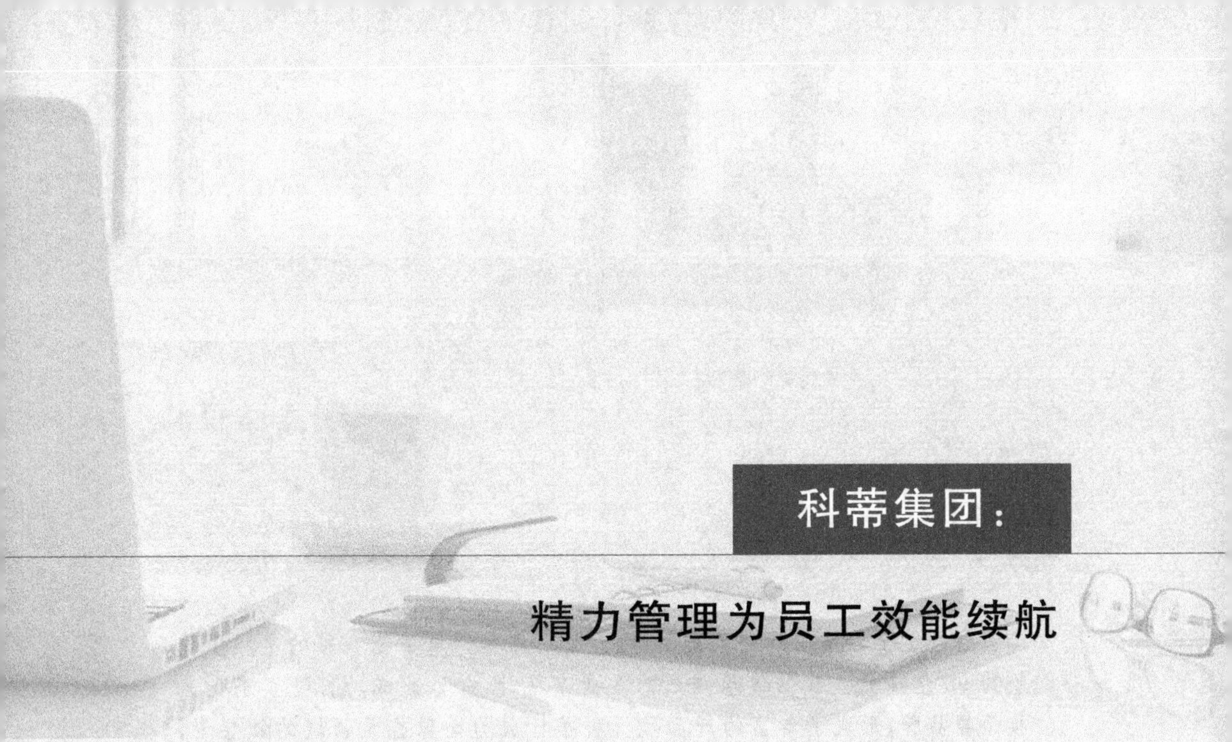

科蒂集团：

精力管理为员工效能续航

公司简介

　　科蒂是全球第三大美妆集团，致力于引领和释放多姿多彩的美。年营收约 90 亿美元。我们传承强烈的企业家精神，并以此成功打造了多个美妆领导品牌，形成了丰富的产品线。科蒂已成为全球香氛领域的领导者，位居沙龙美发业第二、彩妆业第三。科蒂主营三大业务：集中在彩妆、护发造型零售、身体护理及大众香氛等领域的科蒂大众美妆业务，主要采用大众零售渠道，代表品牌包括 Cover Girl（封面女郎）、Max Factor（蜜丝佛陀）和 Rimmel(芮谜)；科蒂奢侈品业务重点关注高端香氛及护肤领域，代表品牌包括 Calvin Klein（卡尔文·克雷恩）、Marc Jacobs（莫杰）、Hugo Boss、Gucci（古驰）及 philosophy（肌肤哲理）；科蒂专业美妆业务着重服务于护发及护甲领域的沙龙客户和专业人士，包含威娜专业美发、塞巴斯汀专业美发和 OPI 等著名品牌。科蒂在全球拥有 20 000 多名员工，产品销往 130 多个国家和地区。科蒂及其品牌积极承诺多项社会责任，并致力于减少对环境的影响。

最佳实践

2018 年 4 月 19 日，对于科蒂集团大中华区人力资源副总裁周燕女士来说，是一个特别难忘的日子。她之前撰写的一篇文章《时间管理已经 out 了，试试精力管理》，经过多个微信公众号转发，获得了十几万的阅读量，她也被朋友们戏称为 HR 圈的"10W＋网红作者"。

在这篇 10W＋的文章里，周燕写道：

2017 年 9 月，在我公司全球管理层大会上，我听到了一场特别精彩的演讲，是精力管理概念的联合创始人———Tony Schwartz 带来的《Unstoppable energy in a world of relentless demand》(《在不断索求的世界中保持永续的精力》)。

Tony 的演讲，让我再一次感受到，时间管理已经 out 了，管理精力正在成为更关键的事情。"管理精力，而非时间"，这一条革命性的理论，也正在越来越多地被认识、被重视。很多人一定和我一样，在初入职场时，都曾为时间管理而烦恼，把"重要紧急矩阵"深深印入脑海，让它影响了之后多年的工作习惯。

然而，当我们来到互联网＋时代，一个不带钱包一周都没关系，不带手机一天都难受得不得了的时代，信息爆炸、沟通因渠道的便利度巨增，每天好的微信公众号读不完。

于是，深夜刷微信、看视频，睡觉前发现自己还有很多想做的事情没做……晚上不肯睡，白天睡不醒成为当代人的生活常态。

这样的生活常态中，时间早已被碎裂成不知道多碎，再谈时间管理的那套方法，已经真的不管用了。精力管理的理论，就在这个当口，理所应当地成为最有价值的替代。

早在 2003 年，吉姆·洛尔（Jim Loehr）和托尼·施瓦茨（Tony Schwartz）就提出了"精力管理"这个革命性的概念，并在其后的十多年里，把这个改变世界的工作方式引入了诸多世界五百强公司,也真正改变了很多人的人生效能。

据周燕女士介绍,科蒂大中华区也在 2017 年 12 月的管理层大会上,开始推广精力管理,致力于帮助管理层首先具备个人精力管理技巧,继而调动、集中、投入和维持团队的集体精力。在刚刚开始的阶段,他们先从精力管理的第一个维度"体能"入手,并任命了一位首席精力官(Chief Energy Officer)和十余位精力大使。

身体力行的另一个 CEO(首席精力官)

孙超,是科蒂大中华区域内被任命的首任首席精力官,但他递出来的名片上职务一栏写的是科蒂亚洲区消费洞察总监,其实这才是他在公司的正式职务,首席精力官只不过是一份内部兼差,"如果在我的名片上加一个首席精力官的 Title,我更喜欢是它的简称:CEO(Chief Energy Officer)。"他在接受采访时很幽默地说。

虽然是一份内部兼差,没有写入名片也没有写入 KPI,但他却非常重视,把推广精力管理列入他的工作计划中。谈到自己能被公司选中出任首任精力官,孙超非常自信地认为这是实至名归。作为一名自然健身及户外运动爱好者,他酷爱运动健身。在快消品行业多年的外企工作经验让他接触到很多先进的管理理念,他本人也很喜欢研究消费者心理和情绪管理的内容,所以在初步接触"精力管理"理念的时候会有很多共鸣。他称自己"完全被吸引"了,在具体工作开展中他也结合自己的很多心得体会与个人创意,和公司里的精力大使们一起,面向公司全员分享和实践"精力管理"理念。

对于精力管理,孙超有自己的一套认知系统。他认为,体能是身体最基本的精力源,做好精力管理的基础或者第一步就是——增强体能。众所周知的好方法就是保持或者加强体育锻炼。比如慢跑可以使更多的血液和氧气输送到大脑,帮助修复脑部细胞,各项体育运动可以带来的好处包括提升燃脂心率,提高心肺功能,改善大脑供血等。"精力管理"并不是让每个人都成为运动员,而是在于,一个人的体能和精力除了体育锻炼,还可以从呼吸、饮食、睡眠、生物钟周期和工作周期等方面进行调整。比如深呼吸、冥想;吃升糖指数低的食物(全麦、蛋白质、坚果等),每天喝至少 1.8 升水;保持每天 7～8 小时睡眠,工作 1～1.5 小时就休息一下等方法。

孙超自己也是"精力管理"实践的最大受益人。他虽然外表看起来像个文弱书生,但实际上从体力、情绪、心智和精神等各个方面都超越常人,而且在变得越来越好,这有赖于他长期的自律。他说:"我以前是开车上下班的,现在基本上改成骑自行车了。每天即便再忙,也总要找出时间来锻炼。我是自己先去实践,然后再告诉大家,怎样才能做到在繁忙的工作时间里抽空去锻炼。我特别反对那些在周末找场地找健身教练才能运动的说法,其实锻炼可以随时随地进行,这也是精力管理倡导的。如果不是每天运动,精力也很难提升。"

在孙超的直接带动下,身边的同事有了惊人变化。让他特别骄傲的是,其中有两位同事经过他的指导,在过去的几个月里瘦身成功。

万事开头难,在上任首席精力官之初,孙超也曾绞尽脑汁地想了不少主意。对于那些想引入或实施精力管理的企业,他建议最好分三步走:首先是明确目标,其次是正视现实,最后才是付诸行动。他特别强调,营造氛围很重要,比如公司里健身区域的营造,健身课程的教学,员工培训里对精力管理理念的宣导,定期举办交流或反馈活动等,以及让参与者和管理者保持良好的沟通,都可以让大家看到改变的意义。

用精力管理应对变革后的挑战

2016 年 10 月 3 日,科蒂以 125 亿美元(约合人民币 833.6 亿元人民币)收购宝洁 40 多个品牌,其中包括蜜丝佛陀、封面女郎、威娜护发用品以及包括 Gucci、Hugo Boss 在内的香水品牌和彩妆、美发沙龙等业务。随着这一收购完成,科蒂集团在全球化妆品企业排行榜中一举跃升至第三位。

并购尘埃落定之后,通常带来的是一番忙乱的调整。周燕所在的中国区,也不例外。新公司在注册,人员在重新配置,新流程在搭建中。看到同事们整天处于应接不暇之中,周燕思考着该怎么帮助大家来应对工作时间长、人手不够、工作节奏快以及各种不确定所带来的挑战。自从接触了精力管理理念以后,她感觉或许这是一种有效的方法轮,于是开始在公司层面推动精力管理项目。

在首席精力官和精力大使们的努力下,科蒂的精力管理项目也顺利开展。

尽管在科蒂,员工是否参加精力管理项目凭个人自愿。但对于新入职员工来说,这是一门必修课。在为期三天的新入职员工培训里,确保有一个小时的精力管理课程。首席精力官孙超给新同事们亲自上过两堂课。课堂上,他的分享都是干货,有高大上的科学理念也有接地气的实践方法轮,他和大家聊吃什么怎么吃怎么锻炼以及高效工作等话题,发现这些新同事听得津津有味还提问不断。

午餐学习会(Lunch & Learn)对于繁忙而又对精力管理感兴趣的科蒂同事来说,是很好的交流机会。几乎每个月都会搞,每次都能聚拢 20 多人,时间一般放在周五的中午,孙超和周燕只要不出差,都会准时出席。大家边吃边聊,一起分享自我精力管理的心得。后来还做过几次读书会,参加者把自己读过的有助于提升自己精力的书相互推荐,如《心流》《深度工作》等。

最让周燕和孙超兴奋的是他们联袂把精力管理植入到公司在成都召开的一次经营会议上。那天吃过午饭后,在下午开会之前周燕首先带领参会者大家做冥想。随后会议进行到下午 3 点半休息时孙超带大家出去跳绳。一天会议结束后,当晚他们又一起组织大家夜话讨论人生的意义。于是,以往严肃紧张的会议被他们巧妙地植入了很多活力因素,让与会者们精神大振。

三大举措帮助员工提升效能

周燕和孙超表示越多了解"精力管理",就越会发现它的价值所在,更认同它是互联网＋时代顺势腾飞的关键。一年来,精力管理已经成为科蒂公司企业健康管理实践的一个组成部分,依次从体力、情绪、心智和精神四个部分着手,旨在全面提升员工的人生效能,而且践行下来,也颇见成效。

首席精力官孙超在实践过程中总结出三类措施比较有效,分别是公司自建健身设施、灵活工作制度和精力管理导入。

第一类,公司自建健身设施

孙超认为,很多公司采用报销健身卡费用的方式来鼓励员工运动,但效果并不明显。普遍的结果是,员工办了健身卡,但一年也去不了几次。为什么呢? 比较常见的原因可能是健身房不在公司附近,来回健身房的路上要花不少时间,需要特别安排时间才能成行。而他之前所在的公司里,有自建的健身房,员工去健身的热情就很高,因为不需要专门去健身房,省去了来回时间,大大降低了时间门槛,健身意愿自然更大。当然,并不是所有公司都能自建健身房或配置健身设施,那么,考虑指定公司附近健身房或者路程时间较近、员工可以在午休或下班后快速到达的健身房,相信会更好解决员工的运动问题。

我们在采访的过程中,发现科蒂办公室的会议室内放着各种小型健身设施,比如踏步机,鼓励同事站着开会,一边开会一边运动。

第二类,灵活工作制

灵活工作制也是一项卓有成效、可以帮助员工找回时间的措施。错峰工作时间制和家庭办公,都可以大幅降低通勤时间,比如,在上海一个员工平均单程通勤时间在 50 分钟以上,一天上下班所用时间接近两个小时,如果错峰上班,一天至少能减少 30 分钟的交通时间,而家庭办公更能把这两小时完全省去,那样,多出来的时间员工就能用来更好地去管理健康。当然,灵活工作制对企业管理要求很高,需要上下级充分沟通协调,并安排好工作,否则政策只能流于纸面,无法发挥效力。

第三类,精力管理的导入

在过去二十年里,为了提升效率,很多公司导入过生活—工作平衡法、时间管理法。比起以上效率提升方法,精力管理的概念更系统全面,它的焦点在于提升人的精神状态,从而提升工作、生活各方面的应对能力。当员工能以饱满精神面对工作时,他们自然能提升工作效率,有更多时间、更高效地管理健康,所以,提升精神状态这个动机能得到员工的共鸣。科蒂在过去一年里导入了精力管理法,有精力管理培训,也成立了全员参与的交流小组以保持实践。初步看来,效果还是相当明显的,员工们非常愿意实践精力管理的行动要素,包括提高开会效率、聚焦重要工作,减少了花费在低价值工作上的时间,也会时刻注意自己的饮食,上楼用爬楼梯取代了电梯……精力管理的影响力已经渗透到了很多人的工作和生活中。

高管访谈

访谈对象：**周燕**　科蒂大中华区人力资源副总裁

　　编委会：您自己是如何实践精力管理的？

　　周燕：在"精力管理"概念中，包括了体力、情绪、心智和精神四个部分（英文分别是 physical，emotional，mental and spiritual），认为只有合理管理这四个方面的精力，才能使得人生更加高效。同时，"精力管理"给出了四个部分不同的解决方案。我也从这四个方面去探索有效的训练方法。比如说，心智精力高的人能保持乐观，拥有专注力和创造力，这些方面的思维肌肉和情绪肌肉、身体肌肉一样，都是可以训练的。积极心理学的创立人马丁·塞林格曼研究发现，销售人员的乐观程度和销售结果成正比。积极的心理暗示是一种能力，可以刻意培养。我就试过一个方法，让我的一位同事被教练训练正向思维肌肉。她是一位成功的高管，可是高度的成就导向使她在工作压力下，常常处于焦虑的心态中。我就请她在每晚临睡前给我发一条微信，总结她一天中所做的 3 件令她觉得快乐的事情，1 个可以改进的方面。这个 3 比 1 的设计是刻意训练她的积极思维能力。

　　编委会：你们在新员工培训中加入了精力管理内容，这些新员工对于"精力管理"是如何接受和评价的？

　　周燕：我们在新员工入职培训里安排"精力管理"课程，是让他们去了解和实践"精力管理"理念的主要形式，对于公司比较快速的工作节奏和喜欢社交、崇尚自由、追求有趣的他们而言都很受用。我也会从一个全新的角度告诉新员工，在科蒂公司工作是想获取什么？在漫长的职业生涯道路上，又该如何在公司里实现自己的梦想或者达到自己的期望。这些并不是鸡汤，而是"精力管理"里"活出人生意义"的主要理念，只是我用他们更容易接受的方式去表达，从新员工热烈的掌声和现场的积极提问上，可以感受到他们的认可和接受程度。我喜欢引用浙江大学蔡天新教授的一句话："我们的小小心灵为何需要闪电。"精力管理能够帮助每个人更快更准地找到自己的闪电，并迅速发光发亮！

（本文采写：刘磊　程玮）

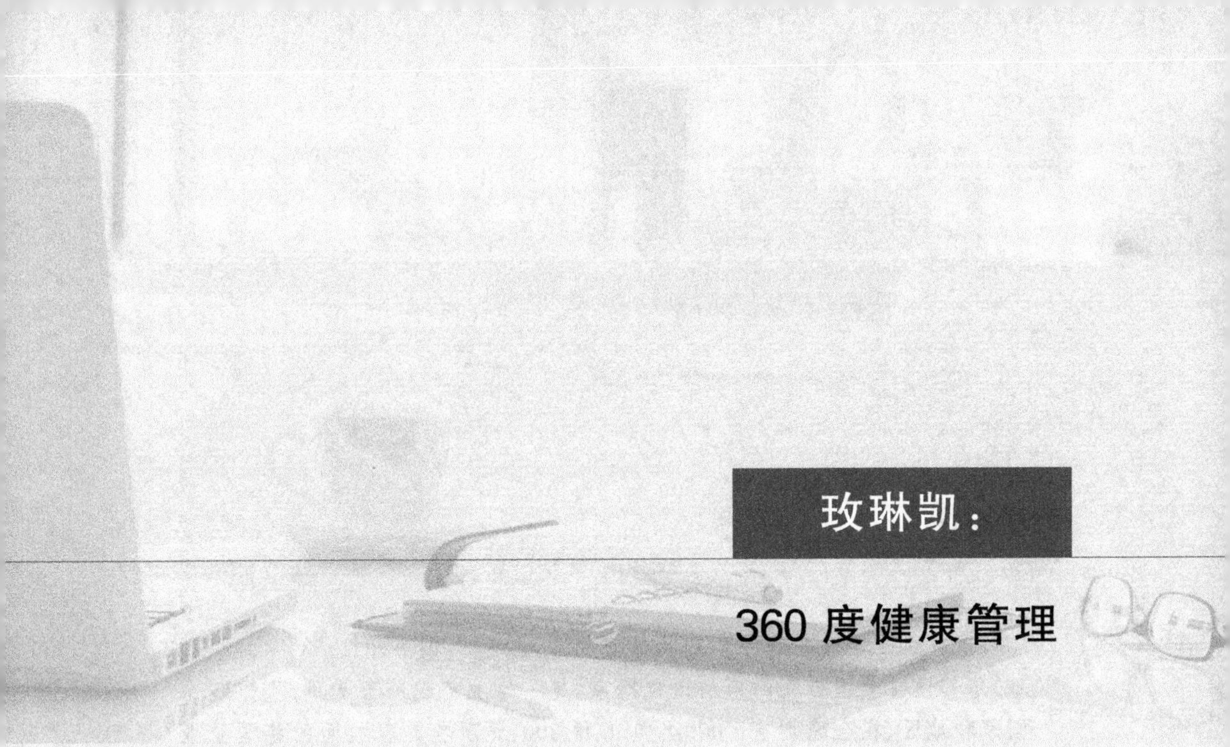

玫琳凯：

360 度健康管理

公司简介

　　玫琳凯是全球护肤品和彩妆品直销企业之一,创办于 1963 年 9 月 13 日,总部设在美国得克萨斯州达拉斯市,是一家业务遍布五大洲超过 35 个国家和地区、在全球拥有 5 000 名员工和 300 余万名美容顾问的跨国企业集团。

　　1994 年,玫琳凯在中国杭州市经济技术开发区始建美国以外首家工厂。1995 年,玫琳凯公司在中国的全资子公司,玫琳凯(中国)化妆品有限公司(下文称"玫琳凯中国")正式营业,扎根中国 23 年,目前在中国共拥有 9 条产品线,200 多种产品。已发展成玫琳凯全球最大的市场,市场份额持续领跑,在化妆品直销行业中排名第一。

　　玫琳凯因为女人的梦想而诞生,也点亮了女性的梦想。玫琳凯公司有着一个不变的使命,就是丰富女性的美丽生活——丰富女性人生。正是这个使命,让玫琳凯帮助到了许多女性,改变了她们的人生。

　　这样的使命,也被践行在企业健康管理中。自 1995 年入驻中国,玫琳凯持续致力于为员工提供具有竞争力的全面薪酬及舒适安全的工作环境,并持续鼓励员工培养健康的生活方式。近两年来,玫琳凯更是不断思考如何顺应新时代,领会新需求,嗅探新方式,增加新投入,以深化健康文化的营造和影响力。

　　从当年波特曼酒店的一间房间作为中国业务的起点,到如今全国 35 个主要省市设有分支机构,员工逾千,玫琳凯成为一家备受外界赞赏的企业,并仍旧在持续开拓新业务领域以及优化企业管理方式,以保持公司的可持续发展。

最佳实践

能想象吗？在办公室里,突然出现一面高几米的攀岩墙,平时看上去文气安静的隔壁办公桌同事,正身形矫健、动作利索地向岩顶爬去……这不是电影画面,而是玫琳凯一年一度文化月活动的"办公室室内攀岩 PK 赛"现场。

每年 5 月,玫琳凯都会做"文化月活动",以纪念创始人和她的核心文化价值观。2018 年开始,这个传统的文化月里,"健康文化"成了新亮点,在为期一周的庆典活动中占了很大的比重。除了精心设计的"办公室室内攀岩PK 赛",让没时间去户外拓展的员工们,在自己办公室就体验了一把攀岩的乐趣,吸引了大量的 MKers 参与、挥汗比拼外,还有"肩颈穴位大普及""为黑暗料理正名"这样的趣味环节,帮助员工在身体健康、饮食健康上增长更多知识,得到更多有效指导。

自从 2001 年以来,玫琳凯就一直坚持运用最时尚、潮流的方式做企业健康管理。从员工们运动、饮食、休息这三方面,去提升员工的健康与意识,是玫琳凯一直坚持的健康管理方向。

完善的健康管理模式与管理机制

玫琳凯的企业健康管理,起步于 2001 年,从最初强调七习惯时(一杯白开水,一个苹果,一杯醋,一杯酸奶,一瓶矿泉水,一杯绿茶,一张面膜),就开始强调对员工健康很重要的四个纬度——身体、心灵、头脑、社交情感,不断更新理念和方法,倡导员工健康的重要性,可以说已经走过了一条长长的路。

如今,在玫琳凯已经形成了一整套企业健康管理模式,它包含三个层面的内容:首先是健康意识,通过公司不断倡导健康,让员工意识到公司对员工健康很重视,自身要加强健康;其次是健康的能力,玫琳凯认为,当员工有了健康意识,也有意愿去维护健康了,就需要有足够的能力和资源去完成这件事,那公司就需要帮助员工拥有这个能力,并提供资源协助员工完成;最后,是建立健康体系,当健康意识有了,健康能力有了,接着就是要有可靠的体系、制度,让这件事持续进行下去,所以打造体系是必须的。玫琳凯这个体系里,从工作环境,到资源配备,到高管推动等等,规划得非常具体,也确保了健康管理过程中,能不断运用新平台、新技术、新资源,通过 online & offline 相结合的方式,推进全员健康行动。

十几年健康管理的不断推进与创新,让"健康"在玫琳凯深入人心,成为特别的力量。企业健康管理越做越好,健康已经牢牢与这家公司捆绑前行,为公司的员工稳定性、业绩增长带来了很多价值。

360 度健康管理体系

拥有成熟的健康管理体系,规范化操作健康管理,能够让企业的健康管理事半功倍,让健康这件事在员工中推进的更顺畅。

玫琳凯通过多年的运作,在其健康管理模式中形成了全面、有效的管理体系,叫做 360 度健康管理体系。这个体系,建立在公司"以人为本"的企业文化基础上,运用企业战略、高层推动进行自上而下的健康推进,以办公环境、工具、活动、社群等作为增进健康的重点或手段,充分给予员工资源,从意识到行动,做到了全面的健康管理。

高层推动三养原则

玫琳凯的健康管理模式中,对员工健康意识的培养非常重视,而这种意识培养,不仅是通过各种海报、会议、讲座等方式宣传,更主要的,其实是通过公司高管在企业战略层面重视以及高层身体力行的示范来带动的,这也是玫琳凯 360 度健康管理体系的核心准则。

健康管理不是一朝一夕能做好的，正如玫琳凯中国人力资源副总裁 Wendy Yuan 所说，这是一个需要自上而下、不断推动才能做好的事情。这是玫琳凯多年积累下来的经验之谈。

玫琳凯的健康推动，一方面是公司把"员工健康"提升到公司战略层面，每个公司的管理层都要站在这个高度去看待健康，并作为自己工作重中之重，对此负有责任和义务。同时，在执行过程中，公司会有大量的资源、经费投入，确保项目运作，然后，是有明确的健康推动方向，比如，提倡"三养"（保养、休养、营养），强调运动、饮食、休息三方面的健康，这些方向让员工十分清楚健康在哪里，该向哪里努力！

另一方面，是高层自身健康行动的示范作用。高管们在百忙之中，投入大量时间，达成惊人效果，这些都起到了很好的榜样效果，这样的健康 KOL，在员工中有很大的号召力。

玫琳凯中国的大当家——玫琳凯中国区总裁 Paul Mak，就是玫琳凯健康文化最大的 KOL，他也是整个健康文化的灵魂倡导者和积极践行者。

2017 年，在距离 60 岁生日还有几个月的时间，Paul 晒出了他两年的运动记录。他花了两年时间，行走了 7 200 多公里！最长一次行走路线，是从上海玫琳凯大厦出发，一路向西北，行走了 3 974 公里，最终到达乌鲁木齐。

Paul 行走了两年，从 180 斤的体重，减到了 150 斤，体脂维持在了 18.2。从他晒出来的"我的前半生"（两年前）和"我的后半生"（两年后）对比照片上看，那真的是脱胎换骨，彻底从大叔变成了型男。

他遵循玫琳凯"三养原则"（保养、休养、营养），努力改变自己健康状况的行为，让众多的玫琳凯人看到一个活生生的例子，认识到健康是可以选择的，身材也是可以选择的。Paul 努力的样子，打动了很多玫琳凯人，这个榜样，带动了"粉丝"主动参与运动，保持健康。

除了 Paul，玫琳凯管理层团队中的每一位领导，都是崇尚健康活力、全身心投入的运动高手，都在用自己的积极参与，给员工做健康示范。在 2016年 6 月，高管团队就在一款叫做"爱活力"的 APP 上，进行过"健康绽放年轻美"PK 赛。他们分成两队，在一个月的时间，每天通过运动打卡进行团队活力值 PK。过程中,他们上传大量的运动照片、每天跑步的地图……员工每天都能看到比自己忙、比自己工作压力大的高管们在争分夺秒地运动,这样的"宣传"让员工也摩拳擦掌,想要参与其中。如今,像这样的 PK 赛,在玫琳凯已经成了员工们的运动日常。

正是通过公司在战略上的重视,高层们在履行政策时的足够用心,高层们的领"跑"行为,让健康行动既有方向,又有榜样带动,玫琳凯的健康管理才能顺利持久而有效地进行。

办公环境提升

玫琳凯如今的办公室,位于上海市静安区安远路 556 号,这本是著名的静安门大厦,在玫琳凯 20 周年之际,被玫琳凯收入囊中,成了玫琳凯的梦想家园——"玫琳凯大厦"。

玫琳凯行政管理中心原来是在上海恒隆广场写字楼,占有 5 层楼面,总面积 1 万平方米。而如今的玫琳凯大厦,共 12 个楼层,面积达 26 952 平方米。这座新办公楼,承载玫琳凯长期发展的希望,也给员工带来了前所未有的绿色健康办公环境,所以也被称之为"梦想家园"。

梦想家园设计之初,就充分尊重员工的意愿。不仅听取员工意见,按照他们的需求设计,而且还进行了长达半年的实景测试:在恒隆办公室腾出空间,按照真实场景搭建每个部门的"梦想家园",然后请他们搬入体验,以确定"梦想家园"就是他们想要的办公空间。

尊重员工意愿,还体现在装修的过程中。员工参与其中,确保建材、办公设备等都是绝对环保的,特别是在验收环节,以办公环境环保、健康为重,员工认为还有味道、感觉不利于健康的,都可以要求通过测试后,再验收。

在玫琳凯大厦,关注几个与员工健康相关的内容,并引用国际通用标准 ASHRAE(American Society of Heating, Refrigerating and Air-Conditioning Engineers,美国暖通空调工程师协会颁布)和 LEED(Leadership in Energy and Environmental Design,美国绿色建筑协会颁

布）两个权威标准，来确保办公空间的健康。

其一是空气质量。比如采用增强的室外新风引入量，比国家规范的要求高出 30%；为解决 PM2.5 的问题，所有新风输入机组中设置粗效＋高中效过滤器相结合，用以过滤掉 90% 以上的室外 PM2.5 微粒。

其二是安全。梦想家园的 3 楼，设有 HEALTH ROOM，备有床、沙发、担架、轮椅等，供不适的员工休息或者紧急情况下使用；而在每层办公室的PANTRY，都会有一个 First Aid Station，这里会配备急救箱以及关于 Safety & Security 的宣传彩页。除了硬件上的安全保障，还会进行急救及应急知识培训、消防演习，让每一个员工都有安全意识和常识。

其三是绿色空间充足。在梦想家园的五楼和八楼，都建有室外"空中花园"，分别占地 600 多平方米、200 多平方米，让员工们能够随时亲近自然、接近绿植，同时可以舒缓心情、减少压力。

其四是运动设施完善。玫琳凯的健身房，专业度不亚于市场上的商业健身房，有氧器械、力量器械、特色器械、瑜伽室、淋浴房……样样具备，同时，每天有两位专业教练在场给员工专业的运动指导。这个健身房，周末也开放给员工及员工家庭使用。

其五是孕期女性关爱。设有"爱心妈咪小屋"，布置温馨，设备齐全，配有婴儿打理台、奶瓶消毒器、冰箱、微波炉、茶几、沙发、音响等。这样一个温馨私密的空间，让怀孕及哺乳期女员工能好好休息，同时也具有自己的隐私和安全。玫琳凯的母婴室曾在全市 800 多家"爱心妈咪小屋"的评定中，被上海市总工会授予最高等级的五星级评定！

健康工具赋能

玫琳凯在健康管理的过程中，非常强调给员工赋能，让员工在有了健康意识后，更有能力去做健康。为此，会通过 360 度健康管理体系里，去确保资源到位、工具到位。

多年来，玫琳凯一直坚持寻找最新的平台和技术，也会找新鲜、时尚、有趣的方式,给员工提供科学、适用的最好健康工具,帮助员工爱上健康。

其中最受玫琳凯人欢迎的是"爱活力"APP。这是一款用数字方式去管理健康的移动应用,启用于 2015 年初,目前在玫琳凯全国各地约 1 150 名员工中,有 1 085 人已经加入到了这个线上运动社区,覆盖率高达 95%,并且保持日均 30% 以上的活跃度。

在这款 APP 上,员工可以把平时步行、游泳、骑车、球类等这些碎片化的运功量,以手工录入、计步器记录等方式上传,并进行数据整合,产生每个员工的活力值,这个活力值就可以在同事、好友、公司、行业和地域间进行 PK,会增加员工运动的成就感和互动性。同时,这款 APP 上,还有运动社区,员工可以享受专业的个人健身管理、教练指导等。

像这样的健康工具探索,在玫琳凯还有很多,与时俱进,用时下最好的工具和资源,让员工更有能力去保持健康,是玫琳凯健康管理中非常看中的。

健康活动造势

当员工有了健康意识和能力,如何帮助员工更好实践,又如何激发员工更大的热情,这是玫琳凯健康管理中需要通过健康活动解决的问题。

为此,玫琳凯专门配备了活动团队,有独立的预算,有具体考核目标,以此来确保活动的实施与效果,达成活动为健康造势的目的。

2017 年开启的"MK 男神、女神养成计",就是一个为了将"轻健康"转向"更深度"健康理念的一个推动活动。

从 2001 年开始,玫琳凯就一直在推动健康管理,那时主要集中在推广"轻健康",比如一天的水分摄取量、减肥这些方面。但近年来,随着大家健康意识的增强,以及对健康要求的升级,玫琳凯也有意把员工健康往更深度的方向去引导,比如更强调投入的时间、更关注身体内在指标、引入更为专业的仪器、更专业人士的专业指导等等,这些都能帮助员工把健康进行得更深入、更科学。

　　"男神、女神训练营"最早是在玫琳凯的销售团队里展开的,后来延展到了 office 的员工。这个活动在规则制定上,很严谨,员工不是随便入营,而是根据身体数据来判断是否可以或需要入营。报名后,员工首先要在体脂仪上进行体脂测试,真正体脂指标过高的员工,会被吸纳入营。

　　一期训练营,会吸纳男女共 50 名营员,在一个月的时间里,通过对饮食、运动、休息三方面的综合管理、追踪,让员工能深度认知健康,同时科学对待,最终实现健身减脂目标,成为梦想中的"男神、女神"。

　　入营,是会设定激励吸引员工的。先是实物奖励,入营就送体脂仪,分组中获胜组每组成员获得 200 元大礼,个人减重冠军还可以获得 TISSOT 手表一块。然后是健身体验升级上,把 EM5 健身黑科技引入营中,20 分钟的 EM5 训练可达 120 分钟传统有氧运动效果,全身 90% 的肌肉时时激活。如果不入营,就不能体验最新、最酷的健身新招,这也让很多员工主动热情参与。

　　有了这些激励,加上真的是对自己身体好,员工就会很主动。而在 1 个月的训练营中,还有很多让员工健康"上瘾"的体验以及互动、追踪,比如会有专门的营养师,会用方便大家测量的方式让大家清楚自己该怎么吃,像每餐的肉要吃自己半个拳头大小,主食应该吃 1/3 个拳头等等,然后,鼓励大家每天上传自己的餐饮照片,逐一进行点评,什么东西吃多了,什么东西吃少了,该再补充些什么,都会详细地告诉员工;再比如运动上,会有科学健身的视频教程,在人体五大部分的健康方法上都有科学的指导,并鼓励大家每天都去打卡,形成比拼。

　　玫琳凯计划部的 Chester Wang,入营后,在一个月的时间里,就成功减重 20.6 斤,身型也从一个臃肿体胖者,变成了型男。

　　这个训练营自从开启以后,已经成功运作了 5 期,有近 2 万名玫琳凯人加入其中,从中受益,造就了很多"男神、女神"。

　　像这样的活动,玫琳凯还有很多。比如开篇提到的年度健康嘉年华、已经持续 4 年的千人活力盛典、城市定向赛、各种健康跑等等大型健康活动。这样的活动,融汇了玫琳凯的健康文化,同时也把健康点科学分拆、个别推进,形式丰富时尚,让员工愿意积极参与,为健康推动起到了关键作用。

社团自主管理

健康管理如果完全靠组织运作,在人力、资源上是很难做大,同时效果上也会打折扣,所以,在玫琳凯的 360 度健康管理体系里,发挥员工自身潜力,组织健康社团,是让健康在公司内快速普及的重要方法。

跑马俱乐部是玫琳凯非常活跃的一个健康社团,目前团员已经达到 28人,他们有自己的微信群,经常会讨论一些跑马拉松的专业知识、训练方法、设备,还会组织团员参与各个城市举办的赛事,一群小伙伴已经相伴参与过国内外很多著名的马拉松赛事。

像跑马俱乐部这样的社团,在玫琳凯中国1 100多位员工中,就成立了74 个,这其中,有 62 个都是与健康相关的,像游泳、篮球、瑜伽、羽毛球、跑团、桌上足球、桌球、舞蹈、跑马……这些俱乐部都有自己的微信群,会在里面交流相关的知识、经验,每月或每周进行一次集体活动。

这些社团的成立,都是员工自发的,只要有员工发起并有 10 人报名,这个社团就可以成立。玫琳凯公司则用资金投入的方式表示赞同与支持,他们向每个员工发放一定数额的社团基金,只要进入社团,即可使用这笔基金,员工可以根据自己需求选择进入 1 个或多个社团。团员们的基金汇总后,就可以用于社团的运作,比如活动经费、请教练的费用、租场地的费用等等,这样员工就有资源开展社团活动了。

为了确保员工不会半途而废,公司规定员工入团也需要自行出具一定的费用,自己有投入,才可能持久,这是玫琳凯鼓励员工持续保持在社团内的活跃度的一个小方法。

"玫琳凯一个很大的特点,是 HR 或是公司只是出一个方向,剩下的都是靠员工自发去实现,如果单靠公司,或是活动文化部门的几个人,搞这么多活动,肯定是不行的。这是我们把健康深化的一个非常有力的方法。"玫琳凯中国人力资源副总裁 Wendy Yuan 这样总结。

基于人的文化理念

在玫琳凯看来，做得好做不好健康管理，首先是要看企业如何看待"员工"这件事。

做了十几年的健康管理，玫琳凯形成了自己独特的健康管理理念，有360 度的健康管理体系，也为员工配备了全面的健康福利，一直坚持去做好企业健康管理，这一切背后的逻辑，是基于玫琳凯"员工的发展是企业使命之一"的以"人"为本的企业文化。

从 2001 年开始到如今，玫琳凯始终基于"员工的发展对公司很重要"这样一个企业文化，努力让员工变得更好，发展更好，身体更好，心理更好……这早已经是从上到下统一一致的价值观。

也因此，玫琳凯在健康管理上，没有用死板的具体数字指标去判断效果，而是把员工的快乐和幸福这种主观感受，作为他们最关注的健康衡量依据，且通过内、外部的真实员工调研来检测成果。

正是以"人"为本，把足够的关注点放在"人身"上，玫琳凯才能做到从战略、资源投入，到健康宣传，再到健康推进都能做到持续、发展、创新，为玫琳凯员工的健康做到了最佳管理。

高管访谈

访谈对象：**袁纯** 玫琳凯（中国）有限公司人力资源副总裁

编委会：玫琳凯的健康文化管理机制是什么？

袁纯： 自 1995 年入驻中国，玫琳凯持续致力于为员工提供具有竞争力的全面薪酬及舒适安全的工作环境，并持续鼓励员工培养健康的生活方式。玫琳凯对每一位玫琳凯人都有着四个不变的承诺：幸福生活的保障，独特文化的体验，全面成长的摇篮，社会价值的体现。在这当中，健康管理就成为我们践行对员工承诺的关键因素。我们的健康文化管理机制，不只是人力资源部的职责，而是由人力资源部、文化委员会、工会以及管理层团队共同参与管理，各自职责、功能明确。在这个管理机制中，HR 主要负责整体健康方案的制定与完善，这其中包括健康的工作场所、健康福利机制等；文化委员会，则是把健康与公司文化价值观相结合，形成健康文化，并传递到每一个员工；工会，运用其在员工中的互动能力，在员工内部进行健康推动，并通过资源、资金的投入来丰富健康管理内容；而公司的管理层，除了确保将健康文化视为企业管理策略的重点之一外，还要义务充当 KOL，通过自身的行动，力推健康。

编委会：玫琳凯在健康宣传、促进上，做得很细致，大量高管参与其中，这对推动健康管理有什么意义？

袁纯： 玫琳凯的健康管理模式中，对员工健康意识的培养非常重视，除了通过各种创新有趣的线上沟通及线下活动，更加有影响力的方式就是让高管成为健康达人、KOL，身体力行，起到带头作用，这不仅仅代表公司对企业健康管理的重视，同时也希望以高管的示范带动，来传递健康运动的理念，这在公司推行健康管理之初就确立的方向。每个月我们有很多健康类相关活动，高管都是首当其冲、积极参与的，我们发现有高管共同参与的活动，员工凝聚力也会更高，同时也提升了员工和管理层的互动，拉近了距离，员工在工作当中的表现也会更活力更高效。

（本文采写：段芳　智姝婕）

美津浓：

所有资源，都是健康管理的资源

公司简介

　　美津浓(Mizuno),是日本美津浓株式会社于 1906 年创立的运动品牌,一个多世纪的不断努力,美津浓成为世界领先的运动器具、服装和鞋类生产商。

　　从 1996 年开始,美津浓陆续在上海投入生产,最先成立的是梭织服装制造部门,后续又增加了棒球手套、高尔夫球杆、棒球生产、泳装等产品的生产,并于 2007 年成立上海美津浓有限公司,目前在上海青浦区朱家角拥有占地 5 万平方米、近 500 名员工的生产工厂。这也是美津浓在亚洲的主要生产基地之一。

　　致力服务于各类运动项目,使运动生活更加愉快和振奋,是美津浓一直努力的方向。所以,在产品开发上,美津浓一直坚持以科学研究为基础,确保运动更加舒适、安全,保证运动与科技和人类感性相结合,认为只有这样的产品品质才能称之完美。目前,美津浓的产品种类齐全,覆盖几乎全部主要的运动项目,达到 30 多万个品类。

　　本着这样的公司理念,美津浓的企业健康管理也在不断追求员工的愉快、振奋和安全。

　　20 多年的中国工厂发展,美津浓的很多员工从不到 20 岁进厂,如今多数已经成了 40 多岁的中年人,再加上实体经济形式整体下滑等因素,企业本身面临着巨大的成长压力。这让美津浓的企业健康管理不得不面对诸多挑战,但美津浓始终坚持"员工都必须是健健康康的"这一信则,于困难中找方法,运用各种可能运用的资源,努力做出了一套美津浓式的健康管理路径。

最佳实践

每年都有一个时间段,是美津浓员工特别期待的,因为这段时间,会有一个超级合算的"大福袋"送到他们手上,人人都有份。这个盲选"大福袋",里面一般会装有两件美津浓的运动服、一双美津浓的运动跑鞋,还可能会有一些小护具等等。之所以是盲选"大福袋",是因为每个福袋里的产品都不一样,员工事先都不知道装的什么,只知道每个福袋里产品吊牌价格加总不少于3 000元。这样一个盲选"大福袋",美津浓员工只要出 150 元就可以得到。

这个"大福袋"的行动,已经在美津浓坚持做了很多年。它不同于一般制造业企业时不时进行的"产品内购",而是美津浓一个特色的健康管理行动。它的更多意义,在于阳光普照,让更多的员工能有机会穿上、用上自己亲手制作的运动产品,更安全地运动,更好地保持健康。

源自品牌理念的员工健康意识

美津浓"大福袋"员工健康关爱,已经做了几年了,员工通过超低价格购买企业"大福袋",一方面获得了优惠和福利,另一方面这也是企业向员工宣传运动、健康重要性的一个重要方式。通过这个"大福袋"行动,向员工传递了美津浓企业健康管理的一个核心理念:非专业运动员,需要更加专业的运动用品,以保护自己不受运动伤害,这样的运动,才是更健康的。

美津浓作为一家知名的专业运动品牌,致力于为全人类的体育事业做贡献、讲求身心活力,美津浓基于这样的品牌理念,不断将其内化,向内传递,通过这些理念的传递,去不断增强员工的健康意识。

一方面,美津浓认为,每一份产品是否品质优良,和制造者的状态有很大的关系,而且,制造者的状态,能通过产品传递到使用者那里。所以,从顾客服务的角度出发,需要每一个作为产品的研发者、生产者的员工,首先是要健康、阳光、有活力的，只有这样，当他们去生产产品时，才能把这份健康活力带入，给使用者真正带去一个"健康"的运动产品。

另一方面，美津浓认为，每一个产品的研发者、生产者，他们制造运动产品，他们必须也作为用户，亲身穿戴他们自己生产的产品去运动，去感受顾客的感受，只有每一个人都切身体会过使用者的感受，才能更好去制作产品。

这两个方面，看似业务层面的需求，但实际上却一点一点树立了每一个员工的健康意识：首先自己是要健康的，其次这份健康是要自己能感知的，最后是自己要常运动。

把这样的思路落地，就变成了"大福袋"行动。它让员工既能拥有福利，也能通过这样的福利，增强健康意识，真正参与到健康运动中去。

职业健康管理

从建厂开始，职业病防护就是美津浓健康管理的一大重点。

一直以来，美津浓都通过 ESH（Environment、Health、Safety，全称为环境、职业健康安全管理体系）部门主导职业健康管理的项目，并严格按照国家规定进行管理。

在美津浓 ESH 部门的人员，都必须拥有专业资质，像现在部门内成员，就具有职业健康评价师、国家安全管理工程师、国家安全评估师等专业认证证书。

美津浓主要存在噪音、粉尘、有害气体这三个方面的职业病风险。建厂之初，美津浓严格按照国家规定的职业卫生健康管理要求，遵照"三同时"的标准，即职业卫生健康防护设计与主体建筑设计同时开展，防护设施与主体设施同时建设，同时验收使用，确保工作空间符合职业卫生健康管理要求。

而在多年的经营过程中，持续伴随着设备老化等产生的安全隐患问题，所以每年美津浓都会请来专门的第三方评估机构，对各工位进行测试，进行职业环境危害因素的检测，并出具检测报告，然后基于这个报告，会提供该岗位的员工进一步的健康管理防护措施。

除了环境硬件安全上的管理之外,对相关人员的职业病宣传、告知以及防护督促才是更重要的事,因为,稍有不注意,可能就会有环节掉链子,所以,企业在这一方面也会做大量的工作。

在美津浓,一线员工基本要进行三种检查,首先是入职前体检,基于他所在的岗位,要特别进行专项体检,同时会向员工清楚陈述他即将面临的风险、告知企业为防范这些风险做了哪些必要的措施,并请员工一一遵守;接着是职中检查,这是一线员工每年都会进行的职业卫生专项检查;而在员工离职前,会再进行一次离职前专项体检,本着对员工负责的态度,确保员工没有携带职业病离职。

所有的规则,在美津浓都靠严格的管控来确保落实。比如,在发放劳防用品时,严格按照分发到人、每人签字的方式来确保员工都有劳防用品,同时都使用劳防用品。

正是基于严格的职业健康过程管理,从 1996 年建厂开始,到现在,美津浓保持着零职业病人的记录。

注重餐饮质量改善

在美津浓,HR 部门经常要去做一件很奇怪的事情,就是去看食堂的剩饭桶。

之所以这么做,是因为,对于美津浓来说,餐饮是对员工健康和生产安全都非常重要的一个事情。饭菜喜欢吃,吃掉了,才能确保营养摄入,员工身体才可能健康。而只有员工的餐饮好,能量补充充分,生产过程才会更有安全保障。

虽然这是一个很重要的事,但如果公开进行餐饮调查,那就可能会变成众口难调的事无疾而终,并且公司的成本也不支持,所以,HR 部门就采取了隐蔽的方式进行主动调查——观察剩饭程度,判断员工伙食优劣。

通过这样的方式,了解到餐饮的实际情况后,美津浓会采用更换厨师等方法,来改善员工餐饮,帮助员工提升身体素质方面的健康。

多维度健康宣传、运作

美津浓厂区，建有自己的运动场，员工可以在那里进行各种体育运动。当初建立运动场时，希望通过这样的一个场地，能够时时提醒员工，运动与工作同样重要。

在向员工宣传健康这件事情上，美津浓可谓是用尽了心思。

由于工厂特性，美津浓的员工多来自当地农村，普遍文化素质并不是特别高，个人健康意识偏弱，缺乏健康动力，但对于实在的东西会比较容易接受，所以，美津浓就运用一些比较实际的方法去加深员工的健康意识，多维度来宣传健康管理。

比如"大福袋"行动，就比较深入人心，大家在得到实惠的同时，意识到公司对大家健康的关注，慢慢也就接受了"健康很重要"这个概念，也会去身体力行。

在基础健康管理这个层面，美津浓运用合同提示和职业病危害宣传这两个点来做健康宣传。每一个员工在签订合同时，是最好的健康宣传机会，在这个时候，美津浓都会首先进行风险提示，通过提示，来告知员工健康风险，同时提醒他通过各种正规手段，比如一定要佩戴防护用具，来保护自己。另外，就是针对企业内可能存在的职业病危害，进行详尽培训，确保每一个员工都明确知晓。

各种定期的健康培训，是另一个方式的健康宣传，比如针对女性员工的健康讲座、面向中年员工的理疗培训、拯救生命的心肺复苏训练等等。不像写字楼员工那样对健康了解得更多，形式也更有追求，工厂员工更追求实惠和实效，所以，这样有针对性或是专项技能型的培训，他们更愿意参与，同时接受度也更高。

这些多维度的宣传，在美津浓这样一个工厂企业，起到了非常大的作用，也是企业健康管理得以良性推行的重要手段。

一切资源都能成为健康资源

美津浓建厂之初,就严格实施健康管理,20多年来从未间断过,但近几年来,由于经济的不景气,健康管理的成本又在不断攀升,美津浓的健康管理面临很大的经费问题。

但这并没有妨碍美津浓坚持做好员工的健康管理,只是从方法上更多选择了借力打力,用美津浓人力资源副总监褚峥嵘的话,就是"要利用一切可用资源,一切资源都能成为健康资源"。

比如从去年开始,美津浓员工体检提高了一个档次。以往按照工厂普遍的体检标准,一个员工的成本顶多是200～300元,但在如今,这样水准的体检几乎是等同于无。特别是40岁以上员工居多,身体素质正在逐渐变弱,各种疾病爆发的可能性比较大,特别需要更为周全的体检来预知身体健康情况。

在公司本身无力增加经费的情况下,HR部门联合工会,主动向外寻求资源,一起为员工想办法,以期给员工一个更好的体检。联合了当地政府、当地医疗体检机构,通过政府一定补助、体检机构一定额度让利、工会一定补贴的形式,让员工体检达到600块的标准,有了更全面的预防检查。而面向大龄女员工,也考虑到员工身体机能下降,妇科疾病发生风险大,努力争取为女性员工增加了妇科专项体检。

再比如,鉴于很多员工年龄偏大,生活缺少活力,情绪问题比较多,美津浓就想运用心理素养培养的方式,帮助员工解决心理上的问题。在经费有限的情况下,美津浓借助政府的力量,为员工争取到当地政府职业培训的名额,像插画、烘焙等等,先后有近40位员工参与这样的培训,丰富了自己,也舒缓了心理问题。

像这样利用可用资源,去为企业员工谋求健康福利的方式,是美津浓健康管理应对挑战做出的积极回应,也是它比较特别的地方。正如褚峥嵘所说,要用一切可以用的资源,也要做好健康管理。

在这样的努力下,员工的健康意识也大大增强,美津浓2017年病假人数比2016年下降37.1%。

高管访谈

访谈对象：**褚峥嵘**　上海美津浓有限公司人力资源副总监

编委会：大型工厂，在健康管理方面有什么难度？ 美津浓是如何解决的？

褚峥嵘：美津浓在中国已经有 20 多年了，最初建厂就进入的员工，伴随着美津浓一路成长，到如今已经是人到中年。特别是在工厂，40 岁以上的员工，占比很高。因此，大龄化成为美津浓健康管理中最大的问题。而另一方面，是如今很多工厂企业都会面临的业绩增长难、成本日益提高的经济压力。所以，在美津浓的健康管理战略中，立足工厂性质及企业经济现状，将健康分为基于法律的健康管理和基于关爱的健康管理，不要有职业病，关爱双赢是核心目标，基于此尽能力去做好企业健康管理。

编委会：作为知名的运动品牌，这样的业务属性，是否对美津浓的健康管理有帮助？ 是怎么结合自己的业务去推进健康管理的？

褚峥嵘：美津浓生产的产品包括运动服、运动鞋、运动用品等等，更加专注于为消费者提供专业的运动体验。品牌在成立之初，公司就在贯彻员工健康理念，因为我们是运动品牌，需要员工了解产品、了解我们产品的运动体验，要知道跑步时脚的受力怎样才是舒服的正确的等等，在工作中就对简单的运动健康知识有了了解。我们相信员工是第一个顾客，所以公司也非常鼓励员工使用自家生产的装备去运动健身，会组织一系列活动鼓励大家多使用、多交流。

（本文采写：段芳　智姝婕）

上海家化：

软硬兼施的务实健康管理

公司简介

　　上海家化是中国日化行业历史最悠久的民族企业之一，前身是成立于1898年的香港广生行，于2001年在上海证券交易所上市，如今，已步入它的第120个年头。

　　自成立以来，上海家化专注于美容护肤、个人护理、家居护理三大领域，已经在众多细分市场上建立了领导地位。现在的上海家化，正在努力打造"中国制造2025"的行业典型，致力于成为美容护肤、个人护理、家居护理最佳提供者，让每个人美丽健康，让每个家庭洁净幸福。

　　在这样一个以"满足人们对于美好生活的向往"为己任的美丽健康产业领头企业中，员工的美丽健康，也被放在了重要位置。在上海家化，始终坚持员工是公司持续发展的关键，是公司宝贵的"才"富，是公司不断进步的核心，要珍视每一位员工，倡导"诚信、务实、共赢"的核心价值观，为员工提供完善的工作环境和平台，致力于员工与企业共同成长和发展，帮助每一名家化人实现自己的职业理想和价值。

　　到2017年底，上海家化共有员工3 381人，分布于全国各地。在其员工结构中，有两个特别之处，分别是女性员工占60％以上，40岁以上员工占24.6％，这让上海家化在员工健康管理上，有明显的企业特点。比如，更加提倡关爱女性、在职场上坚持"男女平等"的雇佣原则、对任职时间长及年纪大的员工照顾有加等等，这是家化"珍视员工"的小细节，由此，可以看出这家公司在员工健康管理方面所讲求的"务实"精神。

最佳实践

走进上海家化位于江湾城的办公楼,第三层楼面是一个多功能区,包含了公司文化墙,CSR展示,医务室、各种功能的会议室等等,这其中,最重要的是一个区域,是为员工提供7*24小时服务的员工服务中心。

在这个员工服务中心,除了白天时段员工可以在这里面对面咨询、处理问题以外,最大的便利是它的在线服务功能——在任何时间,任何地点,通过特设的服务热线、服务邮箱、在线咨询等各种渠道咨询人力资源相关的问题。

这样的沟通便利,在上海家化还有更多形式。充分解决沟通问题,在上海家化看来,是员工健康的开始,这件最小、最不起眼的事情,却最能影响员工工作、心情乃至身体健康,所以,从沟通开始,让员工在工作中保持顺畅,有一个良好的健康基础,正是上海家化主张的务实健康管理的开始。

新员工的"入职触发机制"

从企业的内部沟通开始做健康管理,这是一个很有意思的健康管理思路。

这个思路,可以从上海家化一个新员工的"入职触发机制"开始说起。大家都知道,一个新员工进入一家企业,头三个月是非常关键的,适应、融入需要时间和帮助,如果处理不好,会让新员工承受很大的心理负担,也可能让企业失去一个好员工。

上海家化的健康管理,就是从这里入手的。一个新员工还没入职,他的信息就通过"入职触发机制"发布到了各个需要支持的部门,他报到当天,一切都准备好了,还有一个家化特色的大礼包迎接他,这里面除了他需要的办公小工具,还有特别的健康用品,比如六神的花露水等。

在他的办公桌上,早就贴好了沟通小贴士,一共有四条沟通便捷专线,分别是 IT 热线、行政热线、HR 热线、财务热线,有任何问题,都可以随时咨询,对于刚入职的新员工来说便利了不少,不会再有那种找不到北的挫败感。

这种沟通小贴士,在上海家化每个员工的办公桌上都有,目的就是让每一个员工都能感受到沟通的便利,减少了沟通渠道不明等障碍。

"我们希望每一个新员工能快速成为家化的一分子,而沟通是最重要的一环,也是减少新员工心理压力的重要方面。"上海家化人力资源高级主任王懿介绍说。

除了新员工入职触发机制,开篇提到的 7 * 24 小时员工服务中心,公司重要信息分享,在上海家化也是一个重要沟通渠道。为了保证各地员工对于公司信息的知晓度,公司每年会定期召开管理层与员工的沟通会,还会有员工代表与高管的午餐会等等,方便员工了解公司,就关心的问题向管理层提问题等等。

良好沟通带来良好的工作环境,增进员工身心健康,这正是上海家化务实健康管理不断在努力的一个重点。

下午三点课堂

上海家化在健康管理推进的过程中,非常注重员工健康意识的培养,主要通过各种健康讲座、体验的方式进行。

在上海家化,各种针对健康的培训包含了身体健康、危机处理、心理健康,还有让身心更愉悦的兴趣爱好等培训。一般这样的培训,会有线上、线下两个部分。线下部分,是一个叫"下午三点课堂"的项目,每周都会有,每堂课平均时长会在 1～2 个小时,也有长达半天的课程,员工们主自报名参加,每期课堂会有几十到百人规模。

比如说最近进行的急救培训,几十个员工参加,花了 2 个小时学习如何实施急救。通过急救学习,员工掌握急救常识的同时,也从另一个角度,意识到健康的重要性,从而有意识地去更好地去保护自己的身体,避免急救那种状况在自己身上出现。

这些线下的培训或是讲座,都会放到一个叫"知鸟"的 APP 上,让更多的没有参与线下培训的人通过在线方式学习健康常识和知识。到目前为止,知鸟上的课程,已经非常丰富了,员工可以随时随地可以找到各种健康相关的内容,学自己想学的。

上海家化通过这些线下课堂和线上课件,把健康宣导、健康意识培养变成了"家常便饭",像水和空气一样存在,让员工不知不觉中就拥了健康理念,增长了健康知识,是一种特别务实的健康实践。

善待原则

在上海家化,健康管理不是一道道生硬的规则,而更像是长久以来形成的"体贴入微"的传统。这种传统渗透在这家企业的基因里,延续着早年国企的很多优秀风范,做最务实的健康管理,讲求"善待"原则。

善待女性员工,是一个突出的健康关怀。首先从心理上来说,家化对于女性员工没有性别歧视,坚持"男女平等"的雇佣原则;其次是关怀女性生育期身心健康。

在女性员工怀孕期间,可以享受到产前检查假、产前休息假、授乳假等等便利,以帮助女性员工在产前、产后都能更好保持身心放松。比如说,授乳假,女员工生育后,在婴儿满一周岁前,将给予每天一小时授乳时间,员工可以自由选择:早上晚一小时上班,或下午早一小时下班,或者上七天班休息一天。

除了善待女性员工,对于青年人才也分外照顾。为了让青年员工有更健康的生活环境,公司启动"人才公寓"项目。在位于青浦区龙联路,7 号线诸光路附近,公司为员工提供申请平台,享有正常租金的 8 折优惠。首月押二租一,以后房租每月支付。员工如果想退租,只要提前申请,则押金全额返还,不需承担任何额外费用。房屋内有橱柜、床、桌椅、沙发等家具,也配有煤气灶、抽油烟机、热水器、空调等基本生活家电。员工可以拎包入住。

另外,在上海家化,50 岁以上员工比例 8% 以上,对于这些上了年纪的老员工,考虑到他们身体素质和健康状况,公司会主动安排他们换岗或是尽量安排较轻的活儿给他们,不会给他们任何"劳动力歧视",让他们做自己力所能及的事情。

这些小小的善待,以"健康"为出发点,从各种角度去关怀员工,尽管没有大张旗鼓,但却让员工充分享有了健康可能性。

不同需求,产生不同健康计划

对于上海家化来说,健康管理存在着许多复杂性,比如员工年龄差异大,40 岁以上员工占到 3 成,他们对新事物的适应性差,对过去习惯的福利方式有依赖;再比如,以往各个区域或部门,都有自己采购体检或是健康项目的情况,存在各自不同的福利现象。这些复杂性,让上海家化在进行企业健康管理时,不得不做更多务实的思考,以适应不同人群、不同部门的需求和现状。

上海家化采取的方法是:逐步让一部分人先试起来,避免一刀切、大而全,充分在健康管理意愿和企业现实状况之间进行平衡,以期达到最务实、最有利于员工的健康管理方法。

像 50 岁以上的员工,就不要强迫改变他们的惯性,让他在操作性、选择性上都觉得有障碍,带给他很多不便利,反而让他更不舒服、不健康,还不如让他维持现状。而那些年轻的、适应性好的,或是需求多样的,那就提供给他新的方式,让他充分弹性,满足自己的健康需求。

这样根据员工不同需求,制定不同健康计划的方式,虽说是让执行上有很多难度,但是对于员工个人来说,却是非常受用和务实的。

健康管理需要软硬兼施

上海家化这一套务实的健康管理,是企业基因使然,也是一套"软硬兼施"的核心健康理念使然。

这里的"硬",是指健康硬件。在上海家化,非常重视健康硬件的建设,特别是在工厂部分,严格按照 ESH(Environment、Health、Safety,全称为环境、职业健康安全管理体系)标准建设工厂,有些甚至是要高于这些标准的。

比如,上海家化工厂里除菌、除尘,是按照制药企业的标准进行的。这样的高标准,对于产品安全、客户满意度都有好处,但更大的好处,是操作员工在这样的环境里工作,其健康更有保障。

上海家化希望员工都是安全的,除此之外,也希望通过健康硬件的提升,让员工更健康,更有幸福感。

这种硬件投入,很多都是关注员工生活的基本保障,比如贴钱去把餐饮做好,关注是不是有高温费,是不是有冷饮提供,洗澡要不要排队,班车有没有空调,工厂内工作环境是不是恒温,这些很细微的东西,可能有些人不会太注意,认为太微不足道,但在制造型企业,对于一个 8 小时都在工厂的工人来说,这些才是他们最重要的身体感知,才是真正的健康需求。上海家化把这些事情看得很重,让员工一天 8 小时都是舒服的,上海家化的员工在这些方面没有抱怨的。

商业保险、体检、人才公寓、学习发展平台、年度体检、员工服务中心等等这些健康"硬件"上的投入,在上海家化从来都是最重要的事情,而这方面的投入预算,也从来没有被否定或搁置的。

除了讲"硬",上海家化的健康管理还讲求"软"。这里的"软",是指健康机制与健康意识。

在健康机制上,家化特别强调两点,一点是,一定要有在国家体制之处的额外保障机制,另一点是,这个保障机制是要逐年提升的。

这个机制创造出很多健康的沟通点,形成全员的健康沟通,这是比其他都更重要的,也正是上海家化非常看中的。

比如说,在保障机制中,员工拥有额外的医疗保险,这个保险在上海家化是逐年提升的,第一年可能是免赔额,第二年可能会换免赔额,第三年可能会根据情况增加理赔额等等,就这样逐年去增加,这个不断变化的购买过程，创造了更多的沟通机会点，能让员工不断去了解这个医疗保险怎么去使用，哪家医院更好，哪些问题是要加强注意。这样一来，就不再只是出钱购买这样的简单过程，而是融入了更合理、更科学的健康讨论和思考，让员工更加受益。

在这个机制背后，是上海家化从工会、人力资源部门、财务部、管理层等等整体对于员工健康思考的结果，唯一的目标，就是希望员工在公司工作的时间里能够感知健康的重要。

另一方面，在健康意识上，上海家化是从体系到制度到硬件到软件，都是"以保障员工健康"的意识为先，正因为有了这样的健康意识，才会遇到员工健康相关的事情，该做就去做了，没有过多的繁复的请示说明，一切以健康为第一优先。

对于上海家化来说，健康管理的机制和意识，是最关键的事情，这两点到位了，接着就是看自己企业的能力，量力而行，做好最务实的健康管理。

在采访过程中，上海家化首席人力资源官焦佩俊一直在强调健康管理的重要性，他介绍说，"作为一个拥有美丽健康基因的企业，更容易去做员工的健康管理，也更加必须去做员工的健康管理。从战略上讲，公司对于员工的健康投入是一直在增加的，这也是以后的核心竞争力，是一个竞争优势。"

一切以健康为重的务实管理方式，正是上海家化"齐心协力，共建华美"这一美丽产业的管理特点，是不断营造员工幸福感的源泉。

高管访谈

访谈对象：**焦佩俊** 上海家化联合股份有限公司首席人力资源官

编委会：家化作为一家超过百年的大型企业，员工数量多、年龄分级多、需求多样，这对做健康管理有影响吗？家化是如何应对的？

焦佩俊：作为一个折射行业风云变迁的百年老店，的确是要面对员工年龄跨度大，需求不同、认知不同、想法不同等等问题，对于健康管理这事来说，是有一定要求的。这是一家多样化的公司，不会去做大而全的事情，而是更多去看到不同人的不同需求，根据不同的人去制定不同的健康计划。家化以前健康管理的做法是比较"放"，更多的是各个部门、团队自发去做的，现在更多的是集约化管理，但这个管理，也并不是细致的统一管理，而是强调完善报备和管理，但总体来说，还是根据"人"去做他需要的健康管理。现在的企业健康管理，更多的是体现一种参与度和幸福感，这是家化更加重视的。

编委会：上海家化是如何看待健康管理与雇主品牌、人才吸引之间的关系？

焦佩俊：一个员工，其实一天一大半的时间，都是在企业里工作的，企业理应对员工的健康做一些必要的事情。作为一个健康雇主，应该是体现在几个方面：一个是硬件，办公环境和设施是否有利于员工健康，能否保障员工的安全；另一方面，就是软件，包括健康的管理机制、企业文化氛围、公司高管对职场健康的态度等等。从体系到制度到硬件到软件，都在保障员工健康，并且是负有责任心的，这样才能做到一个健康雇主应尽之责。这样一来,员工在公司工作的时间里,能够感知到健康的重要性,也能够对职场健康有切身体会,自然也会更愿意留在公司。健康管理所带动的人才保留方面,在家化已经凸显其很大的价值。

（本文采写:段芳　智姝婕）

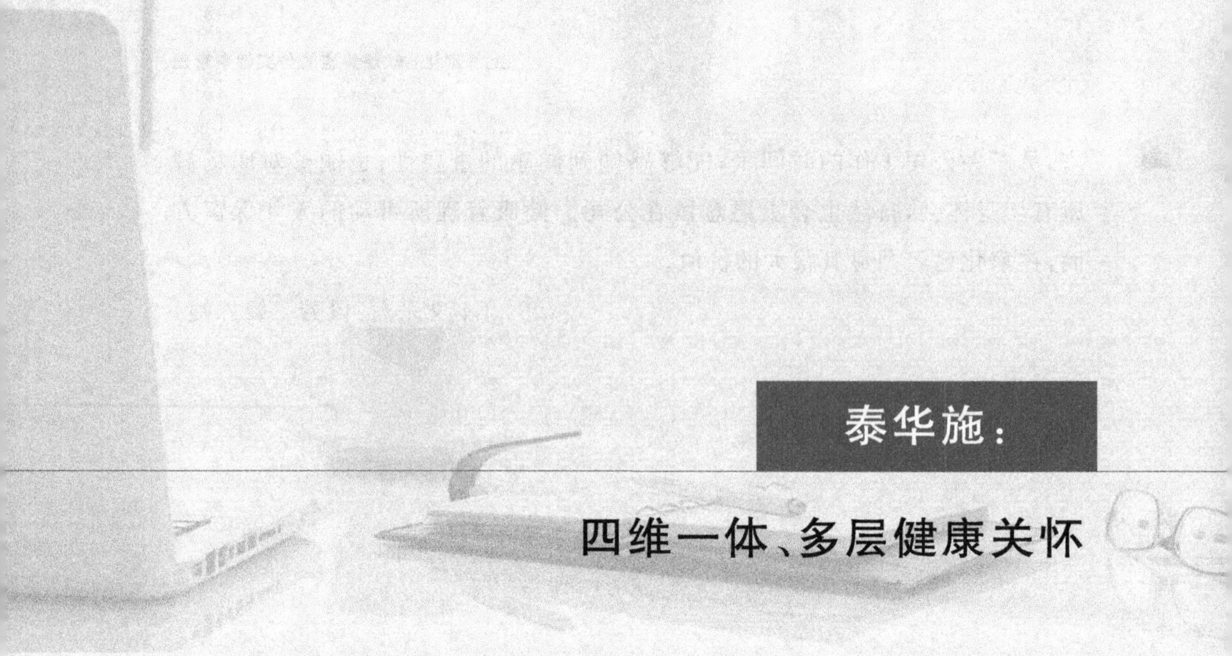

泰华施：

四维一体、多层健康关怀

公司简介

　　泰华施是一家具有近百年历史的清洁卫生、食品行业的领先企业,是行业内的隐形冠军,坚持以客户为中心,以保护生命为使命,提供定制化的可持续清洁卫生解决方案。之所以说是隐形冠军,是因为大家平时不会注意到它的产品,但可能都接受过它的服务,比如在希尔顿酒店、香格里拉酒店、沃尔玛、汉堡王、大董、机场……随处都可以见到泰华施的产品。

　　虽然在泰华施发展的近百年历史进程中,不断面临收购、并购、重组等资本市场的各种选择,但公司的业绩却仍以两位数的速度在成长,客户口碑、满意度也都在不断提高,人员的稳定性更是出奇的好,在销售人员占比60％的泰华施,员工的流失率仅为8％,员工平均服务年限在8年以上。这样的骄人业绩与人员稳定性,泰华施大中华区人力资源总监张蓓女士将其归因于泰华施企业文化、福利以及健康管理的推行。

　　泰华施的企业愿景是"构建一个健康和安全的世界让人们尽情享受美好生活"。"关爱、决断、行动、担当"是泰华施对员工们的核心能力的要求,其中,关爱既是关爱整体人群,保护人类环境,也是关爱员工、同事,客户和合作伙伴,基于此,泰华施提出并践行了自己独特的企业健康管理战略。

最佳实践

一直以来，泰华施都十分注重对员工的关怀，"关爱"是始终被强调的、最重要的企业内核，基于此，泰华施制定了健康管理战略"Caring Cube 爱立方"，Cube 分别代表着 Care、Unite、Beyond、Embrace。泰华施特别强调企业是团结的大家庭，应该给予所有员工爱护和关注，公司每个人都能与公司共享成功，共同前进，也能更好地服务客户，回馈社会。

基于"Caring Cube 爱立方"，泰华施把对员工的健康管理分成了四个维度来进行，并且每个维度下都有各种项目支撑，在不增加企业总成本的前提下，能将各种项目灵活组合，纵横交织，构建了完整的健康管理生态链。

首先强调员工个人，在这个维度，会运用多种方法，比如体检、商保、运动会、旅游等，预防和保持员工身心健康，释放工作压力。

其次，在员工个人维度保持良好健康的同时，延伸至同事维度，通过团队建设等项目增强同事间的合作与了解，强调内部环境对员工健康的重要性。将员工与员工间的良好相处、相互关爱，作为企业的一项健康管理，有利于员工拥有最友善的企业生存环境，对员工健康是非常重要的。

接着，将员工健康管理延伸至关爱员工家人，这是家人维度。在这个维度，通过邀请家人参与企业的各种活动，商业医疗保险的延伸，强调关爱员工家人的重要性，将员工的配偶、父母，特别是孩子，加入到健康管理中，让员工无后顾之忧，并且将企业正面健康的价值观也传达给员工的家人们。

最后，是社会维度，在这个健康维度，泰华施提倡的是通过员工、员工与员工、员工与家人等维度中不断推广健康理念和关爱传达，并且将同样的理念传达给客户、合作伙伴及全社会。这也是符合于泰华施本身的商业及愿景的，既对商业发展有好处，也对实现企业愿景——构建一个健康和安全的世界让人们尽情享受美好生活——有一定的推动作用。

这样四维一体的健康管理定位，在泰华施运作多年，即使是企业频繁并购的多次过程中，也没有改变过这一定位，很好地保障了企业健康管理的运作。也正是这个健康管理思路的持续，让企业基因保持了长久的延续性，对于员工保留、企业业绩增长、客户口碑等都起到了很好的作用。

养老向健康预防倾斜

每年为员工购买基本工资 6% 的长江补充养老金，在泰华施已经持续多年，但近年来，这个倾向养老的福利，由于员工健康需求的增加，慢慢向健康预防倾斜。

在以前，公司统一购买补充养老，虽然公司是从员工福利角度出发，是为了员工的未来投资，但是，随着越来越多员工对于健康的重视，并且青年员工会觉得自己离养老还很远，这项福利没有与员工当下需求明显地结合，所以无法向员工传达它本身的价值和背后的企业关爱。因此，泰华施对这项福利进行了修正，释放了这部分福利的弹性，让员工可以自行选择、调整。

从去年开始，6% 的年金缴纳金额，泰华施员工可以自主决定分配方式。根据年龄、个人喜好、对个人及家人医疗更高需求等，员工可以选择继续缴纳 6% 的长江补充养老金，也可以选择只缴纳 4%，剩余的 2% 用于为伴侣、孩子或父母购买更好的商业医疗保险，或者用于购买放松身心的旅游产品等等。除了可以自选年金缴纳比例，还可以选择自付更多费用，以团体购买成本获得更多的商业医疗保障。总之，基于健康需求的提升，员工对于"钱怎么花，用在什么上面"，有了更多的自主权，从而也让自己、家人的健康有了更大保障。

团队活动向健康运动倾斜

近两年，泰华施员工的健康意识越来越强，健康需求也越来越受到重视，公司各方面的活动方式，也都在向健康倾斜，加入了健康理念，既向员工做了很好的健康宣传，同时也让员工通过这些方式转变，认识并参与到健康行动中去。

例如去年年会的创新,从传统的聚餐节目表演改变至用健康、运动为纽带串起了整个活动。当时正值公司百年庆典,借着变革企业文化的契机,就办了一个让员工颇有归属感又能体现健康价值的别样年会。

全国各地发起"运动达人挑战"及团建活动,用各种健康运动比赛项目进行选拔和评比;并且各地优胜者的员工都会在年会中获得一块无色的公司新 logo,自己选择颜色为它着色,然后,所有获胜者着色后的 logo 单片汇合后,拼出一个完整的企业新 logo。这个活动的意义在于,将员工的健康运动与企业百年新形象联系起来,激发了员工的荣耀感,让每一个员工都有参与意愿,用运动换取和企业光荣与共的机会。

再比如说以前的团建,劳资劳力,还无法做到让每个员工在 outing 中充分放飞自我、休闲身心。现在,泰华施启动了弹性旅游,通过第三方平台,员工十人就可以组团出行,这样既保证了员工的个性化需求,也让"同事维度"的健康进行得更顺利。

还有像办公室推行的健康文化也别具特色。为了让办公环境更健康,泰华施会不时举办"清洁达人"这样的小活动,鼓励员工参与,同时把办公室整洁、卫生健康的理念传递给员工。

这几年,泰华施基于健康的思考以及健康的需求,在健康管理项目中做了各种创新的尝试,现在,这些向健康运动的倾斜,已渐渐变成了泰华施新的日常。

HR 微信的健康宣传阵地

在健康宣传方面,泰化施 HR 部门充分运用了微信公众号的传播力量。

泰华施建立了一个专门为泰华施员工服务的 HR 公众号,成为员工们寻找资源、共享资源的平台。HR 每周都会在此公众号中发布企业活动、培训心得、经验分享、职位招聘等信息;也会不时向员工分享健康小常识、锻炼知识等,而"同事维度"的健康活动——十人团游的照片和游记也会发布在这里，让大家能分享到同事出游的开心，也能增加健康同游的宣传。

同时 HR 公众号如同一个健康集中地，把所有健康相关的内容，集中在公众号内，让原本散落的健康活动、内容都能被更好地传播、扩散，形成了很好的健康宣传。

泰华施的健康管理，还在摸索和实践中不断提升。张蓓女士表示，在未来，泰华施新的 100 年征程中，企业关爱地球传递健康的理念不变，而企业健康管理也将会成为泰华施员工关爱的重点。泰华施也将一直秉持着"Care、Unite、Beyond、Embrace"的"爱立方"理念，纵横关爱，施予幸福，回馈客户和社会。

高管访谈

访谈对象：**张蓓**　泰华施清洁科技（上海）有限公司大中华区人力资源总监

编委会：泰华施的健康管理文化与企业文化、企业愿景之间有什么样的联系？又是如何传递到个体员工当中的？

张蓓：泰华施是一家具有近百年历史的清洁卫生、食品行业的领先企业，"构建一个健康和安全的世界让人们尽情享受美好生活"是我们的企业愿景，我们的行动始终坚持以客户为中心，以保护生命为使命，提供定制化的可持续清洁卫生解决方案。这份道德承诺贯穿于我们的所有产品、员工、客户和环境。这样的企业文化，正是我们泰华施健康管理文化的源起和强大支撑。"关爱、决断、行动、担当"是泰华施核心能力的要求，员工们在这样的核心能力要求下指导自己的日常行为。泰华施的健康管理文化无疑是核心能力行为要求与企业愿景相嫁接的代表之一。正面健康的企业文化会散发积极向上的正能量，这些正能量的影响力是无法用金钱衡量的，而是潜移默化，植入内心，最终会从员工的工作行为、工作态度等具象化反映出来。在泰华施独特的健康管理战略下，通过各种诸如体检、保险、团队建设、弹性福利、社会责任等促进大家运动、营养健康、环境改善的项目不断帮助员工深化对企业文化的认知和理解，并且愿意为之传播，为企业代言，将泰华施的企业愿景和价值观传播给家人、朋友和社会。

编委会：泰华施是怎么看待企业健康管理与人才之间的关系？健康管理在泰华施的人才战略中，占什么样的比重？

张蓓：如果说员工是一滴清水，那企业就是江河湖海；如果说员工是一粒种子,那企业就是肥沃土地。一滴清水注入江河湖海,将汇成奔放、豪迈、辽阔壮观的大海;一粒种子埋入肥沃的土壤,将会生机勃勃、茁壮成长。它们都找准了自己的位置,共生共荣不可分。员工和企业就是这样一种相互依存的关系。员工是否健康,身心是否快乐,也关系着企业的顺利发展。泰华施一直以来,都非常注重对员工的关怀,健康管理在泰华施的人才战略中,占有非常大的比重,"关爱"始终都是被强调的最重要的企业内核,同时泰华施也制定了非常详细的健康管理战略:"Caring Cube 爱立方",Cube 代表着 Care,Unite,Beyond,Embrace,在"爱立方"下有各种员工健康关爱的小项目,旨在将关爱落实到员工与企业,员工与员工,并且延伸到员工与家庭,员工与社会之间,涵盖了从生理、心理、情感与社会需要等方方面面的需求,打造完整的员工健康生态链。人,是企业最重要的财富。有人,有健康的人,才能使企业成功。同样,成功的企业给予员工更多关怀,才能让员工更有归属感。泰华施是一个团结的大家庭,我们给予所有员工爱护和关注,在这里,每个人都能与公司共享成功,共同前进,也能更好地服务客户,回馈社会。

（本文采写:段芳　智姝婕）

天纳克：

人机工程风险评估及治理

公司简介

　　天纳克公司（纽约证交所代码：TEN），总部位于美国芝加哥北郊的Lake Forest，是一家集研发、生产和销售汽车空气净化和驾乘控制系统及产品于一身的全球领先汽车零部件企业。天纳克在全球拥有约32 000名员工、92家制造工厂以及15个研发中心。天纳克在2017年最新公布的全球汽车零配件公司排行榜中名列第31位，并在当年实现全球销售额93亿美元。

　　天纳克自1995年进入中国市场，总部设于上海，在北京、上海、大连、广州、重庆、长春、苏州、成都等20多个大中城市建立了制造工厂，并拥有天纳克全球三大研发中心之一——天纳克中国研发中心。产品线主要划分为空气净化及驾乘性能两大类，主要产品包括减振器、悬挂系统、橡胶件产品等。驾乘性能产品品牌"蒙诺""万里路""韧冲"和空气净化产品品牌"华克"等被广大客户所熟知及认可。客户涵盖了众多的国内外知名整车制造厂商，如一汽大众、上海通用、北京现代、北京奔驰、沃尔沃等三十多家汽车厂商。

最佳实践

"最开始是觉得每次积分都几乎垫底,太难堪了。找借口不去锻炼很容易,但日子一长总觉得生活中缺失了些什么。没有什么比跑步更能激发自我了,我认为跑步甚至让我更出色地兼顾了工作和家庭的角色。"作为一名天纳克的普通员工,同时身为两个孩子的母亲,重重压力让 Shelly 曾经感觉她的生活中已经挤不出一丁点的闲暇时间,更别说健身了。可是自从加入了公司的天天跑团,Shelly 的生活慢慢地发生了变化。跑团规章制度严格,群里每天、每月、每季度都对成员的跑步数据进行统计和排名,群发通知。对于跑步累积积分到达一定数量的成员,有各种精美礼品可供挑选兑换,而对跑步里程不达标的成员则会定期清理,强制退群。

由于自尊心使然,同时又天天被跑团群里热火朝天的打卡氛围所感染,Shelly 行动起来了。通过和丈夫沟通,一部分照顾孩子的责任开始由丈夫承担起来,在孩子晚上睡觉后的这段时间,Shelly 立刻开始出门跑步;周末孩子上兴趣班陪读的空闲,也不再低头刷手机,而是跑去旁边的小公园抓紧时间打个卡。从最初抱着"试试看"心理的报名,到养成规律的日常跑步打卡习惯,乃至最后参加公司的 10km 健康跑获得优秀的名次,跑步已成为她生活的一部分,她也越来越享受跑步所带来的快乐和激情。

天天跑团:HR 充当"后勤大总管"

Shelly 提到的积分排名是天纳克"天天跑团"运营的一种激励手段,"天天跑团"的英文名称叫"TEN TEN Running","TEN"是取自天纳克公司的纽交所代码字母,本来是公司跑步爱好者自愿结成的公益性、非营利性的组织,眼看着加入"天天跑团"的人越来越多,日常运营和管理的问题也逐渐显现出来,天纳克全球执行副总裁兼空气净化事业部总裁过鹏先生,是一名高尔夫球手兼跑步爱好者,大力支持并鼓励员工进行长跑运动,提出让 HR 部门积极支持这种健康运动的氛围以带动组织活力,承担后勤管理和费用支持的工作,并纳入"官方管理"。从制定详细的跑团章程,到跑步防护培训,任命跑团团长,日常活动策划宣传,打卡数据统计和排名,累计里程兑换礼品设计,让"天天跑团"的运营逐步规范,跑团的成员亲切地称 HR 部门是"后勤大总管"。

为了让健康生活和工作成为公司企业文化的一部分,积极鼓励大家一起健身,HR 部门每月会不定期地组织周末约跑活动,参加周末活动的员工也会有相应的积分奖励和交通补贴。让天纳克的员工走向社会,回报社会也是 HR 部门一直在努力的方向,HR 部门组织员工参加各种社会公益跑、定向赛及各种健康跑活动,为社会公益事业贡献公司的一份绵薄之力。

在天纳克,每年组织全国性 10km 健康跑比赛是公司的众多传统运动项目之一。先是由各地举办预赛,选拔出参赛意愿强,速度快和耐力好的跑友,参与上海总决赛。HR 部门的数据显示每年参与人数超过 1 000 人。天纳克全球执行副总裁兼空气净化事业部总裁过鹏先生每次都会参加,在 50 岁+年龄组中毫无悬念地获得冠军(因为只有他一个)。过鹏先生在公司的健康跑活动中做出以下感言:"在上大学时我们学校的口号是'为祖国健康地工作五十年',目前三十年已经过去,我现在的目标是为自己、为公司、为社会再健康地生活和工作五十年。"

10km 健康跑是天纳克员工都渴望参与的一个大 Party,每年的 10 月份都会在全国各分公司掀起一股运动的风尚,从各地初赛到全国总决赛,员工们都踊跃报名参与,无论是作为运动员还是志愿者都希望为比赛尽一份力,积极参与其中。

在 10km 健康跑比赛中取得优异名次的优秀运动选手,将自己的比赛激情和韧性也带到了日常工作当中去,成为各个部门的骨干和核心力量,为公司的业务增长做出了很大的贡献。

BBS 项目将职业安全健康教育落到实处

在天纳克,所有的员工都会在入职的时候接受关于与其本职工作相关的职业安全健康教育,以帮助员工充分了解其作业过程中的职业健康风险和安全操作要求,只有接受了培训并经考试合格的员工才会允许在相关的岗位工作。

在职业安全健康教育培训和宣导方面,天纳克除了按照国家的相关规定对所有员工进行三级安全教育之外,同时还根据天纳克的主要职业健康安全风险,结合天纳克总部的要求,在中国各个工厂推行了 12 个关于职业健康安全的元素,并定期对所有员工进行培训和宣导,并引导每一位在天纳克工作的员工积极地参与到职业健康安全管理活动中来。

除此之外,天纳克也定期在中国各个工厂推行一些专项安全教育和培训活动,例如 2017 年在中国各个工厂进行了专项手部安全培训活动,天纳克还在各个工厂组织了小活动,通过模拟手部受到伤害之后给生活所带来的不便,使员工充分认识到手部安全的重要性及如何安全地从事工作从而避免手部受到伤害。该活动在中国各个工厂受到了广泛好评,有 24 个工厂,约 3 000 人参加了该活动,同时在活动中收到了约 250 个关于安全改善的建议。

天纳克从 2014 年在全中国工厂引入了 BBS(Behavior Based Safety/行为安全观察)项目,每一位员工都有机会作为 BBS 观察员,对身边员工的行为进行安全观察,发现和纠正其不安全行为,从而在企业里面树立良好的安全文化,实现"人人为我安全,我为人人安全"的安全理念。2017 年,天纳克全中国工厂范围内进行了约 15 000 次的安全观察,并收到了约 5 500 份安全改善建议。伴随着以上的职业健康教育和宣导,天纳克中国的可记录工伤事故率从 2014 年 0.48 降低到 2017 年的 0.17。(备注:可记录事故率可以认为是每 100 人一年正常工作时间内所接受的伤害次数)

人机工程风险评估及治理——营造健康安全工作环境

人机工程学的目的是关注人与设备以及环境界面之间的优化。不符合人机工程学原理，易造成操作者的疲劳，降低工作效率，严重者容易酿成工作事故。为了系统而全面地推进职业安全健康工作，天纳克中国区工厂Ergonomics（人机工程）的评估，在总部支持下从2014年开始进行。

＊小贴士

人机工程学（ergonomics）来源于希腊语"ergon"（工作），"nemein"（安排或管理）。研究的目的则是通过各学科知识的应用，来指导工作器具、工作方式和工作环境的设计和改造，使得作业在效率、安全、健康、舒适等几个方面得以提高。

最早进行的是工位人机工程风险评估，天纳克引入了全球先进的 THS 数据库。The Humantech System（THS）®是一个管理生产和装配环境中人体工程问题的一体化解决方案。首先，THS 有效地将在线培训和专家指导工厂改善整合在一起，可以帮助团队更快地建立知识和技能，把课堂学习时间缩短了一半。其次，THS 数据库不仅可以提供给工厂内的专家使用，也可以让更多的人参与到评估及改善中，例如人机工程改善团队、一线员工、主管及管理层。最后，可以用量化的数字来确定人机工程风险的严重程度，并根据严重程度建立优先级进行改善。天纳克通过 THS 进行人机工程管理和评估，把工位的人机工程风险进行量化，目前已完成了1 205个工位的评估，识别 403 个高风险工位，从 2016 年开始以这些高风险工位为目标进行改善。人机工程评估包括定性评估及定量评估。定性评估方法包括识别10种有风险的姿势，例如清洗抹布、手臂过高、扭转与叫喊等；定量评估方法通过对作业活动识别有风险的姿势、完成工作时手指、手掌等身体部位使用的力量、每个动作的频次和持续时间等进行综合评估。

自 2014 年开始,投资人民币 200 万,经过近 2 年的不懈努力,中国区工厂共改善了 132 个人机工程高风险岗位,人机工程的改善同时也显著提高了员工的工作效率并降低了工作风险。有人要问,为什么是 2 年?2 年是针对初期一些评估为高风险岗位的改善计划,综合考虑中国区各工厂实际情况,包括改善费用、评估团队及改善人员工作负荷等,最终确定为 2 年。未来,中国区各工厂仍将致力于减轻劳动者劳动负荷的人机工程改善项目。

例如,大连工厂弯管机操作员需要频繁弯腰拿取待加工的管子,据员工反映工作中长期频繁弯腰,易导致腰部损伤,严重时可能引起腰肌劳损等伤害,经过和多家工厂的 EHS 一起讨论,集思广益,终于找到通过改变原材料的摆放方向来解决员工频繁弯腰的问题。同时和中国区物流部门合作,通过改变原材料来料的送货方式,彻底消除了员工弯腰的问题。这一方案在整个中国区工厂推广实施,取得了很好的效果。截至 2016 年年底,员工报告肌肉骨骼疼痛症状的案例较 2015 年减少了 35%(次数从 21 次降低到 12 次),有效保护员工健康,减少肌肉骨骼疾病(MSD)的发生。

* 小贴士

EHS 是环境 Environment、健康 Health、安全 Safety 的缩写。EHS 管理体系是环境管理体系(EMS)和职业健康安全管理体系(OHSMS)两体系的整合。

天纳克认为在工业 4.0 时代的生产制造模式,实施过程是制造业创新发展的过程,制造技术、产品、模式、业态、组织等方面的创新,将会层出不穷,从技术创新到产品创新,到模式创新,再到液态创新,最后到组织创新。机器和技术不断进步,越发凸显人才的重要价值。

汽车工业由传统燃油汽车向新能源和自动化驾驶转型的趋势已经得到行业内外的认可。但与国内普遍存在的整车厂搭台、互联网公司和电池厂家唱戏的研发格局相比,天纳克不仅对产业转型有着清醒的认识,并且正在抢占新技术开发的风口。

　　天纳克全球执行副总裁、空气净化事业部总裁过鹏先生直率地表示，汽车工业是一个典型的跟不上变化的行业。将来汽车会变成什么样子，他认为最有可能实现的是电动化和自动驾驶。作为传统的汽车供应商，过鹏指出天纳克的应对措施在于，首先要意识到这种变化，加大对员工的理念宣传，培训员工具备面向未来的专业能力，向用户提供用户需要的产品。除了汽车零部件，天纳克中国还致力于新型高端技术的研发，主要应用于商用交通、船机等领域，为天纳克中国进军新市场、开发新客户提供强大的技术支持，这一切都离不开人才。

　　在天纳克中国的企业文化中，人才始终是企业最主要的核心竞争力。天纳克为内部人才的培养和发展制定了一系列的措施和制度，为员工创造良好的学习和发展环境，不断提高健康工作幸福指数。自2008年至今，天纳克中国历年连续获得年度亚洲最佳雇主、中国最佳人力资源典范、最佳薪资福利典范等光荣称号。未来如何为全员营造安全健康的职业环境并不断审核检查和优化升级，是发展机遇的要求和管理新模式的探索。

高管访谈

访谈对象：**郭芳** 天纳克中国区人才招募经理

编委会：工位人机工程风险评估在公司内部的运行机制是怎样的？

郭芳：在每个工厂内都有一个人机工程评估团队，主要由 EHS、CI、工艺人员组成，对工厂内已有设备和新设备进行人机工程评估并根据评估结果进行相应改善。另外，工厂在组织行为安全观察时，观察员也会收集员工作业活动中的有人机工程风险的姿势并向工厂管理层进行反馈，最后，现场员工的反馈也是多渠道的。例如：可以通过 T-card（员工建议卡）向工厂管理层进行反馈，也可以直接向班长反馈等。在收到这些建议后，工厂人机工程团队会第一时间到现场进行评估确认并制定行动计划立即整改。

编委会：不仅是制造业，很多行业目前都有内部的跑团，您认为天纳克的"天天跑团"最有特色的地方是哪里？

郭芳：员工参与程度高，从高管到普通员工都积极参与；设置了准入机制和每月每季度考核机制，通过设置 10 公里打卡准入门槛激发员工参与的积极性，每月每季度考核跑量，将未达标员工移出跑团，通过这种方式督促员工每月达到一定的锻炼的目的，每月都会有新团员加入，给整个跑团不断带来新的激情。未来 HR 部门会将员工个人跑步数据作为员工的个人健康档案，通过打卡数据分析员工的个人健康情况，更好地为员工提供服务。

（本文采写：刘磊　程玮）

网龙：

游戏化设计驱动健康运动

公司简介

　　网龙网络公司(NetDragon Websoft Holdings Limited,香港交易所股份代码:00777.HK),是全球领先的互联网社区创建者,中国网络游戏、移动互联网应用行业的领军者,也是中国在线教育、企业信息化行业的领先力量。

　　网龙成立于1999年,自主研发著名的旗舰游戏《魔域》《征服》和《英魂之刃》,建立中国第一网络游戏门户——17173.com,打造最具影响力的智能手机服务平台——91无线,91无线于2013年出售给百度,此项重大交易是当时中国最大的互联网收购合并项目。作为中国海外拓展的先驱,自2003年开始,网龙亦在多个国家自主运营旗下多款网络游戏,并在全球推出超过11种语言版本。近年,网龙发展成为全球在线及移动互联网教育行业的主要参与者,凭借其在移动互联网的技术及运营知识打造创新型的教育生态系统。

最佳实践

尊敬的阁下：

依照 ND（网龙网络公司的缩写，下同）星际海豹兵役法规定，积极应征，您光荣地被批准服现役。

希望阁下通过此次艰苦训练，突破自我，锻炼强健的体魄和精神！回到岗位上，带着您的部队为 ND 做出更加精彩的成绩！

ND 征兵办

这封"征兵邮件"宣告网龙特色活动之一管理者体能和拓展运动比赛的星际海豹挑战赛的开始，为期 2 个月的自由组训和 1 天集中比赛的形式让公司中高级管理人员组成连队 PK，个人单兵自由或团队训练完成日常运动数据，通过训练强身健体，为比赛打基础，比赛时 1 天内完成高塔降绳、跳跃障碍等 15 个项目，为自己的连队赢取积分，每个项目按不同要求分段计分，尝试就能得 1 分，通关可得 10 分，累计得分靠前的除了团队奖还考虑到身体素质差异特设男生奖和女生奖，整个项目从关卡设置到奖励积分都融于游戏设计的规则，促进参与者不断前进，积累奖励。

与传统的公司相比，游戏公司出身的网龙更注重创意，所以其对于健康运动项目的定位也是好玩有趣。

2018 年 7 月"ND 光猪跑"活动，鼓励男员工半裸上身跑完 10 公里，男性高管领队，再配上现场激情动感的音乐，引起全公司的瞩目和围观，公司的留言板上被各种信息炸屏：

"一群白花花的肉，有一半是到了冯唐所说的油腻中年，但是这张照片看不到油腻，反倒是坚定、坚韧和坚守。有时候人生就是这样，你心中有个梦想，你执着地前进，在那些不懂你的人眼里，你就是玩笑，在那些懂你的人眼里,你就是榜样。这场跑步对我确实是人生重要的一课。什么是执着地坚持自己的梦想,在网龙,看这群人就可以了。"

一位一开始觉得"光猪跑"活动是个玩笑的同学

"爱跑步的人,坚持运动的人,内心都有一把火,都有一缕光,不仅温暖自己,也能感染身边的人。庄重也好,诙谐也好,下次光猪跑,记得叫上我。"

一位蠢蠢欲动的男同学

* 小贴士

"光猪跑"起源于欧美。众多海外名校都流传"裸奔"的传统,哈佛的学霸们会在期末考试之前举办一次 Primal Scream"裸奔"活动,UCLA(加州大学洛杉矶分校)大学在每学期期末复习周的最后一天也会举办类似的活动。近年来,这种运动方式开始在国内流行,并逐渐风靡。跑步爱好者汇聚在一起,展开别开生面的"裸奔"活动,以此方式提倡人们亲近自然、低碳环保、健康生活,展示年轻向上,不断挑战的运动激情。

每周的奔跑,一年的坚持,平均每位网龙跑者周跑量超过 520 公里。除了坚持,还有一份热爱。炎炎夏日里,网龙人激情跑过"光猪跑",共同挑战"暴雨跑",还享受过芬芳馥郁的"香气跑"。国庆前,还用最朴素的爱国主义"打开方式",开启意义非凡的"国旗跑"……在网龙,奔跑也可以变得十分有趣。

网龙是一家设计型企业,一直以来秉承的理念就是凭设计赢未来。如今设计思维已渗透到工作的方方面面,健康管理也不例外。近年来网龙也在探索如何打造富有设计感与趣味性的员工健康管理体系,彰显新生代员工的个性并切合他们的需求,以此推动健康管理项目的优化升级,吸引员工互动参与。

极具吸引力的免费健身馆，通过赠予驱动员工运动

在健康配套设施方面，公司为员工全面考虑，运动场所面积几乎和办公场所面积一样大，游泳池、跳水台、皮划艇场、跑马场、拳击场、田径场、足球场、篮球场、网球场、高尔夫球场、健身房、形体房等，全部向员工免费开放。同时，公司还配有专业健身教练团队，为员工运动健身提供专业指导与建议。

打造运动社交圈，通过社交驱动员工运动

公司配有相应的运动俱乐部，如足球、篮球、羽毛球、瑜伽、跆拳道、太极拳等24个运动俱乐部。员工自愿报名参与，公司有近一半的员工是俱乐部成员。所有俱乐部均有活跃度要求，平均每天至少有一个运动俱乐部在组织活动。

网龙现有的运动项目几乎覆盖所有的运动领域，除运动俱乐部外，公司还设有福利多彩课堂，如游泳、跳水、增肌、减肥私教，瑜伽、太极、跆拳道、高尔夫以及各种舞蹈专业教练带班，高峰期一周开班十一场，员工可以自由选择课程和教练。

另外，公司更是提供运动竞技平台，让传统运动变得更有趣，如突破传统运动项目概念的"518"运动会，项目设有脑力运动会、E-SPORT、趣味运动会、亲子运动会，以及玩出个性的创意入场秀等；极富超越精神的四分马拉松，若今年的成绩突破去年自己的成绩，哪怕只是0.1秒，即可获得超越奖，进步重大者即可获得重大超越奖；仿真美国海豹突击队障碍训练赛，以赛代练，打造全员运动狂欢季。公司鼓励员工超越，无论超越自己、超越别人，都能获得激励。

明星效应,通过造星计划驱动员工运动

在网龙有这样的一群管理者,他们不仅是网龙同学们眼中的"大神",更是健康的"代言人"。他们身先士卒,自上而下引领着整个公司的健康风尚,打造运动偶像天团。网龙高管们担当表率,积极组成"ND 球类运动季"高管代言团,通过全方位的包装和宣传,吸引无数迷妹迷弟加入运动和比赛。

在网龙,你可以在四分马拉松跑道上看到他们,也可以在"518"运动会上偶遇他们,也会在亲子运动会上遇见他们。爱追星爱运动,通过榜样的力量驱动员工运动。有了高管的支持,企业自上而下推动健康文化,顺势而为开展各项活动,使公司形成了积极锻炼的文化氛围。

与传统的公司相比,游戏公司出身的网龙更注重创意,所以其对于运动项目的定位也是好玩有趣,网龙开展"格子先生"和"马甲线小姐"的选拔赛。参赛零门槛,随后员工通过层层任务关卡,筛选出最终优胜者。整个比赛过程公开透明,公司内多渠道实况转播。最终优胜者进入为期三个月的专业训练,并获得全方位包装和宣传,成为网龙的运动明星。想要红,要成名,通过成名的渴望驱动员工运动。"格子先生"和"马甲线小姐"也一度成为网龙同学们之间的流行语,公司也借势主推健康文化,再次彰显了企业对于员工健康的重视。

在日常管理中融入运动理念　通过惩罚强势驱动员工运动

网龙健康行动最特色的一点是把健康行动与企业文化进行紧密结合,形成了独特的"下单文化"。运用下单系统进行日常管理,通过下单的方式安排工作任务,管理者和员工的工作任务都在系统上一目了然。任务单发出之后,系统自动跟踪任务结果。网龙的下单文化结合健康项目,产生了"健康单据"(2018 年截至第三季度,罚跑人次 1 604 人,罚跑总量达 6 871 km)。以任务单完成率考核工作绩效,完成率未达到任务要求的人,将会收

到上级或合作伙伴的锻炼单据。通过这样的下单,让员工在运动中舒缓工作压力,在运动中调节自我情绪,在运动中获取工作能量,进而以最佳状态重新投入工作。

提到健康管理,大家可能最先想到的是体检、商保等,主要聚焦在疾病筛查和疾病诊疗等事后管理方面。而实际上,更需要未雨绸缪,提高员工健康意识,结合各项健康管理方式适当开展健康干预工作。但有趣的是,员工愿意去体检,愿意增加保费,却不愿意参与运动。员工会告诉你无数的理由,工作很忙没时间运动、还很健康不需要运动等,归根到底就是缺乏参与健康行动的驱动力。在网龙看来,要让健康管理更为有效,重点是要激发员工的参与意愿,通过打造富有设计感与趣味性的员工健康管理体系,提升员工体验,最终驱动员工参与健康行动。

高管访谈

访谈对象：**林仲东**　网龙网络公司薪酬总监

编委会：近年网龙在教育学习类市场，大手笔全球布局。在新的战略布局下，网龙希望"健康雇主"工作方面可以在未来做出怎样更好的成绩？

林仲东：随着全球化的布局，员工的差异更加凸显，如何进行差异化福利设计及一致化的福利沟通是我们的当务之急。未来，我们除了持续为员工创造健康的工作环境，坚持倡导激情和运动的文化氛围，也希望能在差异化福利设计及福利沟通上做出更好的成绩。

差异化福利设计体现在两方面，首先是完善员工福利体系以满足员工多样性、多层次的需求。不断升级现有福利平台，丰富福利产品，提升福利平台活跃度，员工可在预算内自选福利，也可自费选择福利，例如团险员工自购方案，以此满足员工个性化差异化需求，最大程度发挥出健康管理功效。其次针对核心、绩优、高端、稀缺等关键人员，设计差异化健康福利方案，助力关键人才保留。

使用数字化技术手段沟通保证沟通的一致性。2018 年是网龙管理升级的一年，将 AI 技术应用于企业管理领域，以云办公为载体，结合 AI 技术全面提升公司管理体系的数字化和智能化水平。AI 高管捕捉人才在公司内全维度、全周期的信息轨迹，形成人员档案，通过大量客观数据为健康管理工作提供决策支持，同时也通过 AI 高管实现一致化的福利沟通。

编委会：网龙网络公司对员工的健康数据是如何使用的？希望在今后的健康管理中发挥什么样的作用？

林仲东：我们定期进行体检数据分析，开展员工调研，追踪员工健康数据（健康活动参与数据、健身房锻炼数据、健康单据、病假数据、爱心基金救助数据等），形成员工健康数据库。

根据体检报告数据组织相对应的讲座，为员工普及高检出率的疾病预防与保健方法；根据体检报告数据和健康讲座知识，为员工设计当年健康运动项目，并制定健康计划（"518"运动会、四分马拉松、健身俱乐部、弹性福利课程等）。同时，企业会进行健康情况调研，了解员工对于健康运动项目的好评度和认可度，并且根据调研结果优化健康体检方案。

除此之外通过各项健康行动追踪员工运动数据，帮助员工了解自己的身体状态，更重要的是引导员工积极参与突破自我。自 2014 年开始，网龙每年都举办 ND 四分马拉松，作为年度最重要的健康活动之一已经成功举办四届，总参与人次近万。网龙的四分马拉松不像传统意义的竞技赛事，我们更提倡员工挑战自我，鼓励大家"超越更年轻的自己"。因此在活动中，我们会为每位跑完十公里的员工，拍摄一张冲线照上传至后台，记录下员工当年的成绩数据，次年员工可以根据成绩继续挑战自我。同时，我们还专门设置"超越奖"鼓励成绩有所进步的员工，2017 年获得"超越奖"的员工就有 687 人，占总参与人数近 30%，创下历年之最。此外，公司各部门和员工也自发组织周跑和健康跑活动，挑战 10 公里。这些数据都成为员工关注自身健康，挑战自我的良好依据。

编委会：网龙网络公司大面积的专业运动场地整体使用效率是如何评估的？日常运营有哪些问题和困难，如何解决的？

林仲东：目前，公司在福州及长乐办公区都设有大型健身房、球类场馆等，总计一万多平方米。所有运动场地全年开放，配备先进的健身设备，以及十几位专业健身教练，基本可以满足员工日常锻炼需求。

为提高各类场地使用效率，公司安排专人对各区域进行实时跟踪记录，统计每个单位时间内场地人员流量及设备使用率。教练可根据相关数据更加有针对性地安排锻炼项目,引导员工进行健康有效的锻炼,同时也大大降低了运动场地内锻炼人员安全隐患。

此外,随着员工健身需求的日益提高,越来越多的员工希望得到更加个性化的运动服务。为了满足员工的各类运动需求,公司开设了多元化的健身课程及私教项目,如游泳课、瑜伽课、健身操、塑身减肥及体能恢复提升课程等。同时,在公司内组织运动俱乐部并统一管理,由运动达人牵头形成运动社交圈。目前,网龙已经有包括篮球、羽毛球、台球、足球等各类俱乐部共 24 个。

编委会:年度大型或常规健康活动,网龙网络公司是如何确认方案、征集创意的? 创新的筛选标准怎样?

林仲东:网龙在公司内专门设立活动策划部门,并实现跨部门联动,为员工及家属策划丰富的企业文化活动。目前,网龙的文化活动涵盖运动、亲子、节庆、设计、PR 等多个类别。2018 年策划活动合计 48 场,运动类活动占比近 20%,其中就包含"518"运动会、ND 四分马拉松、运动季球类赛等千人级别的活动。以 2018 年"518"运动会为例,参与总人数达 4 217 人,除常规田径赛外,还策划运动嘉年华、eSports 电子竞技、脑力运动会、亲子专场等项目。通过丰富的运动活动带给员工更多乐趣,也倡导员工培养健康阳光的身心状态。

作为一家设计型公司,设计方法论是网龙核心的资产与竞争力来源。设计方法论是网龙长期以来被实践证明成功的、设计经验的总结和提炼。设计方法论作为一种思维工具,应用到网龙各项工作中。在设计方法论的指导下,关于活动方案和创意的产出,我们也总结了一套完备的流程:第一,将活动原始需求进行梳理,精准分析活动目的意义、目标对象、形式内容等。第二,组织开展头脑风暴会,剖析活动本质及干系人意义需求,引导挖掘与提炼活动方案创意点、亮点。第三,就活动类别、形式、规模相当的竞品进行搜集方向指导与分析,同步往年活动 PDCA 优化深化分析。第四,把控整体策划方向,组织活动方案撰写,在内容、逻辑、视觉呈现上不断优化,形成完整方案。通过这一套严谨的流程,保证活动方案符合公司文化,也契合员工需求。此外，在每场活动举办后，会面向全司进行活动满意度调查，收集建议及意见，助力活动质量提升。

（本文采写：刘磊　程玮）

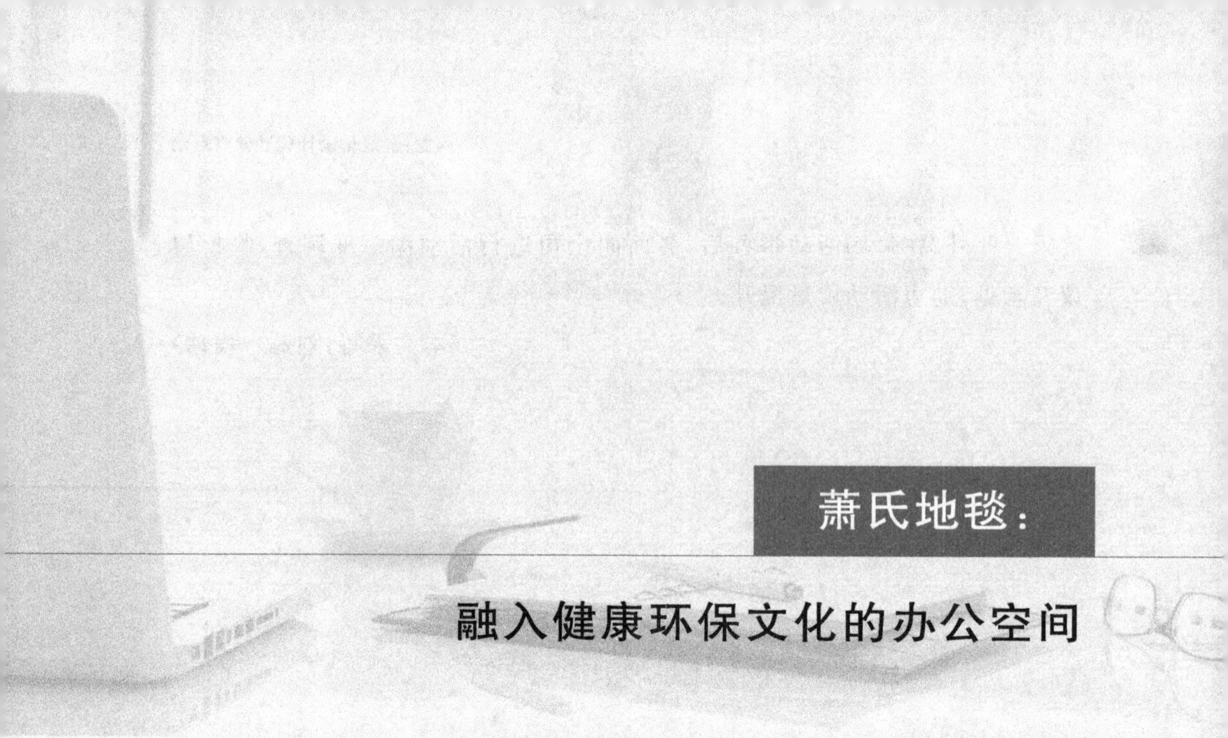

萧氏地毯：

融入健康环保文化的办公空间

公司简介

　　萧氏地毯(中国)有限公司是美国萧氏工业集团在亚太区独立投资的唯一一家工厂,公司总投资8 400万美元,注册资本2 800万美元,占地面积4万平方米,于2013年正式开始生产。

　　美国萧氏工业集团成立于1967年,总部设在美国佐治亚州道尔顿,Shaw Industry于2000年被全球知名的巴菲特旗下Berkshire Hathaway收购。年营业收入超过50亿美元,是全球最大的地毯及地面材料制造商,财富500强企业之一。

最佳实践

有美国"股神"之称的巴菲特投资很成功,从 100 美元起家,2007 年成为身家 620 亿美元的世界首富。2010 年 8 月 30 日是巴菲特 80 岁大寿,他不但不言退休,还打算工作到 100 岁。如果按照过去 45 年平均 20%以上的投资收益率,巴菲特未来每健康活一年,就能多创造 100 亿美元的财富。

和绝大多数进入耄耋之年的老人相比,巴菲特有很奇怪的生活习惯。一般情况下,他每天会喝 5 罐 12 盎司(340 克装)的可口可乐。此外,他还很喜欢薯片、雪糕和汉堡。虽然很多人羡慕股神旺盛的精力,却鲜有人敢效仿他的饮食习惯。在他麾下的全资子公司——萧氏地毯的上海展厅及办公室里,汉堡类的食物都属于"违禁品",因为他们在 2018 年 7 月获得了 WELL NEI 银级认证,并严格按照 WELL 的认证标准去打造一个健康的办公环境。

* **小贴士**

WELL 认证:用于广泛评估建筑环境与人关系的建筑系统认证。

WELL 标准创建于 2013 年,是首个专门关注人类健康和快乐的建筑标准,且与众多顶级科学家、医生、建筑师和健康思想领袖存在合作关系。此标准分为三个等级,包括银级、金级和铂金级,包括空气和水的质量、自然光数量、声环境质量以及人们所处空间相关环境使用策略等,比如健康饮食、休息区和鼓励运动。与 LEED 不同,WELL 不局限于解决方案,而是允许认证申请人使用任何技术或者解决方案,只要求取得相应成果。成果由独立的第三方严格地根据健康标准进行审查。

高标准健康办公空间的打造

走进萧氏地毯位于上海长乐路世纪贸易广场7楼的展厅及办公室,首先映入眼帘的是极具设计感和视觉冲击力的绿色品牌墙,由萧氏尼龙地毯材质的绿色系原液染色纱线的多组悬挂线捆组成的整块墙面背景,给人以亲近自然,贴近森林的感受。原液染色纱线捆即是地毯产品的重要原料,也融入了萧氏从原材料(纱线)到地毯到回收地毯垂直一体化生产的文化寓意。

进入展厅,独特的六边形元素十分引人注目。地面的六边形地毯、天花板的六边形灯具、临窗的六边形柜子交相辉映。特别是靠近落地窗的一组设计新颖的六边形柜,不仅作为储存萧氏独特六角形地毯的储物柜,三种高度的台面可以作为吧台、普通桌面和座位使用,给予员工多样的办公选择,也给予客户独特的体验空间。

步入展厅后两级宽阔的楼梯不仅是平时宣讲、培训的场所,更改变了与客户的交流方式,成为一个多元化的体验区域。两级台阶下方均设置三层抽屉作为方形地毯的样品储藏空间,既能收纳,又能随时抽取和展示,非常便捷。

会议区域由移动屏风分隔,利用萧氏地毯吸音降噪的特性处理墙面,可在多组客户同时到访时使用,在空间和时间上充分利用整体办公空间,也满足了展厅办公室接待不同类型、人数的客户到访需求,站在会议室落地窗前,大楼前的喷水池清晰可见。天气好的时候还可以看到孩子们在水池中嬉戏的场景。

主体墙面上由彩色纱线编织而成的"Made by Design"展现了萧氏产品的价值特色,独具创意的想法和展现无时无刻不影响着每个沉浸在展厅中的客户和员工。

步入到员工工作区域的彩虹地毯,引导员工从展厅区域走向办公区域,点亮了整个办公空间,其绚丽的色彩宣示着其品牌对于色彩的时尚敏锐度。办公区的大面积地毯则采用萧氏自然有机的纹理和素雅的色系来搭配,使员工置身于一片轻松的工作氛围之中。

员工办公空间中设置了三组休闲座位,同时巧妙地利用地毯塑造出绿色草坪主题和海洋主题,辅之以多种植物与花卉的设计,亲近自然的本能让员工在工作之余享受到愉悦的生命气息。两个电话间的设计给员工增加一定的私密空间,同时也可作为多功能小型洽谈室使用。办公临窗区域设置了三组休闲座位、两个沙发组、一个吧桌,灵活的工作区域与形式给了员工更多的选择,多样的交流空间也提高了团队的协作精神。

得益于灵活的空间设计,萧氏地毯上海展厅及职场的同事们每周在办公室就能享受公司提供的瑜伽课程。运动让员工精力充沛,保有高效的工作状态,更在工作之余让大家增进相互了解的机会,增加沟通与协作。在新展示厅启用后,还举办了一个客户开放日活动,预计最多250人到场的交流活动,当天竟然有500多位客户热情参与。

"我为自己能在这样的环境中工作感到自豪,也想分享给更多的人。"萧氏地毯客户经理花烨开心地说。

坚持健康标准运营落实每一个细节

萧氏开放的企业文化贯穿了整个展厅项目的始终。在参加 WELL 认证的整个过程中,每个部门都共同参与、默契配合、有效沟通,共同达成认证目标。从选址开始,上海办公室的每个员工都实地参与并考察了每个备选地址、提出了建议,设计方案由萧氏中美团队、顾问、管理公司和设计公司共同参与讨论,充分强调以人为本、重视员工身体健康的原则,确保项目各个环节都能做到精益求精、万无一失。

面对窗外繁华且有历史风韵的老街区风景,为了让更多员工具有良好视野和接触到自然光,所有员工的工位和会议室都被布置在外窗边。会议室亦采用玻璃隔断促使更多的自然光能够进入室内。同时,项目提供简洁照明光源,既提供了舒适柔和的光照,又防止了眩光。

展厅在设计伊始就将如何降低机械噪音、降低混响、保持安静的空间环境考虑在内。采用了大量的具有吸音功能的地毯、吸音天花及隔音隔断。

经过设计的多层水过滤系统加上柠檬为员工和展厅客户提供了新鲜健康的直饮水。吧台区域常备当季新鲜水果和健康零食供员工食用，上面写有"每天吃零食不要超过 3 次，以免影响食欲哦""全麦棒的脂肪含量和热量要少得多"等字样的健康宣传小卡片给予员工日常健康饮食宣导。在搬进新的办公室后，萧氏地毯仍然决定按照 WELL 认证时那些标准去运营与落实每一处健康标准细节，从热量和糖分摄入把关职场健康饮食，休息区的可乐全部换成零度可乐，甜品换成坚果、健康零食，阶段性地组织 5S。渐渐地，在整体的氛围影响下，许多同事逐渐养成了健康的办公饮食习惯，并成功改变了个人生活习惯。

为了让所有使用者都能够理解项目中的 WELL 元素对日常的健康有着什么样的影响及日常应怎样更加积极地采用健康的生活与工作方式。在刚搬进新办公室展厅时，公司就邀请了 IWBI 亚洲区教育培训负责人，为大中华区所有员工作了一次 WELL 培训，帮助员工理解如何将健康的生活、工作方式与健康的环境相结合，有效地增加了员工对新办公室的认可。

"带领整个团队参与这个 WELL 认证展厅的筹建，是一个非常重要的人生与职场的经验，WELL 认证不能仅仅把它当作一个健康的工作场合，而是我们可以看到这个时代，人的重要性被提到一个非常高的高度，我们关注空间但是更关注的是空间里居住的人，我们不仅仅关注空间的色彩、结构是否能满足人的需要，也关注人的健康与精神，关注人的发展与感受。"萧氏地毯大中华区销售总监蔡秀军统筹管理完整个上海展厅项目之后，感受颇深。她表示："让我感触更加深刻的是，WELL 项目带领着我们团队一起参与的过程中，很多员工也受到了 WELL 的影响，对当今的办公环境有了更加深刻的理解，并把以人为核心的理念带到了生活和工作中，以更加积极的态度对待工作和身边的人。我为这个团队感到无比骄傲。"

受到 WELL 的影响之后，蔡秀军也通过了 WELL AP（WELL 认证专家）的认证，她希望能够影响到身边的同事们以及更多的人与企业一起来关注办公环境下人的健康与价值，希望越来越多的企业能够成为 WELL 认证的企业，为更好的办公与生活环境去努力。

健康环保，从员工到产品

关心员工的健康，产品注重设计和绿色健康环保，在蔡秀军看来，这些都是萧氏地毯企业文化和价值观里的"与生俱来"。

早在 2006 年，作为第一家获得"摇篮到摇篮"认证的地材品牌，至今，公司已有超过 300 件 EcoWorx 产品获得"摇篮到摇篮"银级认证。萧氏地毯通过原料不断优化，以确保不会对人体或环境造成任何可知的或是潜在的威胁和伤害。

* **小贴士**

从摇篮到摇篮产品国际认证(Cradle to Cradle)是首个从产品全生命周期的视角来评估一个产品在每个环节(原材料、生产、应用和废弃降解)的环保节能性的评估体系，由从摇篮到摇篮产品创新所稽核及发证。"摇篮到摇篮"认证涵盖重复利用材料、可再生能源、水资源管理、社会公平和健康材料这五大体系。评估现有产品及流程，以无毒原料以及洁净能源、节水的流程取代对环境有害、耗能、耗水的原料及流程，并妥善规划回收渠道，使产品供应链、产品本身及回收再利用方式皆对环境友善。

全球每年有 110 万吨废旧地毯被送到垃圾填埋场，生产这些地毯花费了大量的资源和原材料，但对废旧地毯传统处理方式是不经任何分解就处理了。萧氏工业是全球最大地毯商，每张地毯下面都冲印了电话号码，顾客在使用过后可以致电萧氏，由萧氏进行重新处理。这样这一块地毯可以重新进行旅行。萧氏在用真正的行动贯彻"健康、绿色环保"从"摇篮到摇篮"(Cradle to Cradle)的精神内涵。

高管访谈

访谈对象：**蔡秀军** 萧氏地毯大中华区销售总监

编委会：最初是如何想到将整个展厅职场去申请 WELL 认证的呢？

蔡秀军：我们最初对展厅的设计立足点完全是从市场出发，如何更好地展示公司和产品，如何吸引客户。行业里申请 LEED 认证的比较普遍，在上海展厅已经提交了方案和预算之后，新加入团队的同事建议申请 WELL 认证，并列举了很多优势，我们就仔细研究并调研了一次，发现 WELL 标准更多关注居住者、使用者的健康舒适，以人为本的人性化考虑更多，将健康特性融于建筑环境之中，而不是将焦点停留在节能、节水这些技术本身，这些理念被我和项目组非常认同也很受吸引，经过小组讨论，最终决定修改方案和预算，LEED 认证行业里面做的不少，但是 WELL 认证可以让我们不一样。两者的侧重点不同，我们就按照可以达到的最高双标准去做。我们申请的是 WELL 银级，可实际上我们最后达到了金级认证的标准。

编委会：新展厅给员工带来的变化都有哪些？

蔡秀军：仅通过制度去改变人是困难的，员工不会因为有制度要求就会百分百做到，但是环境对人的改变是巨大的。我亲眼见证了员工在新环境下工作状态和精神面貌的改变，甚至有员工对我说，我要打扮得漂亮点才能配得上我们的办公室。我周末加班的时候会碰见同事主动来办公室处理工作，哪怕是这个工作不是很紧急，我也很吃惊地问过他们为什么，说是在办公室的效率比在家里要高。还有员工的愉悦感可以很明显地感受到，像我们销售同事在展厅里面向客户宣传公司和介绍产品的方式跟过去完全不一样,有自豪感和骄傲感,甚至直接带动了工作效率和积极性。

编委会:对整个办公空间的设计最满意的部分是哪里?

蔡秀军:都很满意,最满意的部分应该是采光,这个办公区域最初是我选的,相比较其他几个备选的区域,我第一次进来参看内部结构的时候是下午四点多,夕阳透过落地窗照进空荡荡的房间,很美,而窗外繁华又有历史风韵的老街区风景,当时为了让更多员工具有良好视野和接触到自然光,我们把所有员工的工位和会议室都布置在外窗边。会议室亦采用玻璃隔断促使更多的自然光能够进入室内。同时,使用简洁照明光源,既提供了舒适柔和的光照,又防止了眩光。

(本文采写:刘磊 程玮)

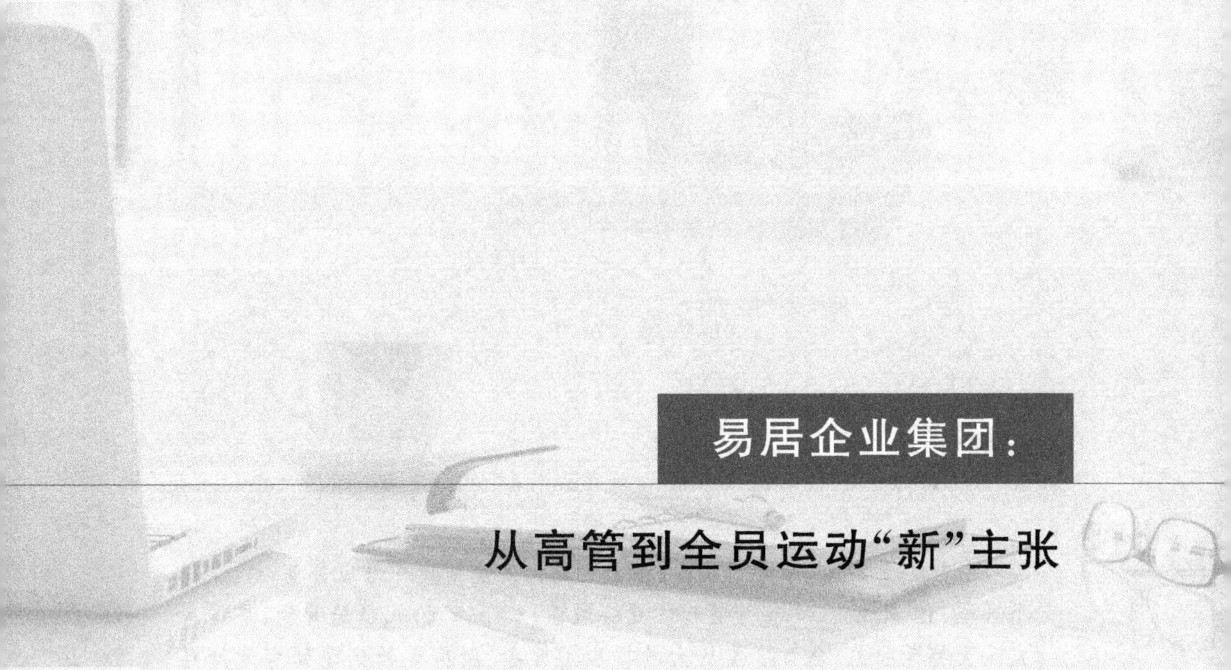

易居企业集团：

从高管到全员运动“新”主张

公司简介

　　易居企业集团，中国创新的、基于大数据的房地产交易服务商，设立 15 个区域、32 座城市、全直营管辖的业务版图，旗下克而瑞、易居营销、易居房友三大特色业务，全面覆盖从大数据应用服务、新房营销代理到房地产经纪服务平台，实现了房产交易服务链全覆盖，且服务 100％的百强企业（2017 年中指百强）。

　　其中克而瑞作为中国房地产大数据应用服务商，信息覆盖 367 个城市，实现了房地产大数据闭环；易居营销，累计代理数千个楼盘，连续多年不断刷新中国楼市记录；易居房友，中国创新的房地产经纪服务平台，已覆盖 52 座城市、7 000 余家门店，行业排名第二。实力股东背书，合力探索和打造后房地产时代新高地。荣获营销代理企业"金桥奖"，中国房地产开发企业 500 强首选服务商品牌营销代理类，中国十大最佳健康雇主等全面荣耀。（数据均统计至 2018 年 5 月 31 日）

　　2018 年 6 月 8 日，易居越南房地产经纪股份有限公司（简称"易居越南公司"）开业，是易居在海外开设的第一家公司，成为扩展海外业务的第一步。2018 年 7 月 20 日，易居企业集团于香港联合交易所主板成功上市，股票代码：2048.HK。

最佳实践

"和绝大多数人一样，我读书时也曾惧怕过三五千米的长跑，毕业后也不再运动，体重一度达到 87 公斤，健康状况也随之出现问题，2013 年末我通过节食加有氧运动，在三四个月里成功减重 15 公斤。体重达标后必须要做的是保持，但是相对于快速减重，保持减肥成果更为艰难。此时，坚持跑步从而由 90 公斤减到 70 公斤的臧建军（易居中国创始人之一）将我领进了跑步的新世界。"易居企业集团 CEO 丁祖昱在他出版的《人人都可以马拉松》一书中写道。

易居企业集团 CEO 丁祖昱有很多昵称，"跑马达人""地产圈跑得最快的 CEO"，从零基础开始跑步，进步神速得跑到国家二级运动员，到实现六大满贯（波士顿马拉松、伦敦马拉松、柏林马拉松、芝加哥马拉松、纽约马拉松、东京马拉松），更在 2018 年东京马拉松，以 2 小时 58 分 11 秒刷新个人最好成绩。由其亲任团长的"易居跑团"，自成立以来不断发展壮大，集团高层及员工纷纷加入，总部就有约 300 人，全国各地成立分舵，目前已遍布全国 18 个重点城市，加在一起已超 3 000 多人，每天跑团群里打卡晒跑量成为日常。

易居企业集团的官网上，在企业文化板块上，高管团队全员健身和跑步的多组照片，从高管们自己爱上跑步，到组织行业内外一起跑，易居于 2016 年、2017 年、2018 年连续三年赞助上海半程马拉松，为行业跑马者搭建了一个沟通交流的平台，以跑会友，成为推动上海房地产跑圈文化发展的重要力量。

多年来易居企业集团在业务领域不断创新突破，同时也极为注重企业文化建设的创新完善，将"健康工作、健康生活"作为企业的核心价值观，为集团约两万余名员工特设了崇尚健康运动领域的"易居运动汇"、提升艺术修养领域的"易居艺术荟"两大企业文化品牌，通过"身和心"两方面的健康建设，营造阳光、健康的生活工作状态，提升员工的凝聚力、向心力与满意度,也获得了来自员工、家属及各方的赞誉与认可。

易居运动汇——身健康,新爱好

易居运动汇,是员工健康运动组织,由集团高层发起、企业经营层直管,以身作则全力倡导和支持员工健康运动,并特设专职部门全面负责企业内部的健康管理和体育活动策划等工作,引导员工进行运动健康的生活方式,目前已开设多个运动项目——跑步、足球、篮球、网球、瑜伽、羽毛球、乒乓球,影响人数超5 000人。

为了帮助员工增强体质、改善"亚健康"状况,易居从采集健康信息、建立健康档案、动态健康评估、互动促进四个层面逐步入手,组织上海地区近600名员工进行体适能测试,建立员工健康档案,在办公楼每个楼层发放体测设备、每个部门设立健康管理员,帮助员工关注健康数据变动。通过员工健康数据采集和分析,针对性开设各类健康运动。如针对体重超标员工,提供科学系统的减脂营,引入训练保证金和目标奖惩制度;针对零基础、有意愿养成跑步习惯的员工,设立49天初跑营,通过制定线上加线下的全方位专业合理训练计划,让初跑学员形成跑步习惯;另外还有瑜伽班、太极班、办公室健身操等项目,可以让员工基于自己的身体情况、喜好,选择相应的健身项目。

易居企业集团CEO丁祖昱先生亲任团长的"易居跑团"就属于运动汇下设组织,和一般企业运动组织不同的是,易居跑团特聘了田径队的专业教练和国家认证康复保健医生,还在集团内部特别设置了安全跑总教练岗位1人,全职专业指导和辅助各类运动训练,既帮助员工养成正确良好的运动健身习惯,又减少大家对运动伤害的后顾之忧。

丁祖昱先生谈到创建易居跑团的初衷:"易居一直有一种运动的文化,有足球队、篮球队等运动团队,而跑步是易居参与人数最多的一个群体活动,当时就组织了一个跑团,让大家有组织、有系统地参加到这个活动当中。我们请了专门的教练、理疗师,希望能够让大家跑得更加健康、专业、系统,创造自己更好的成绩。在这个过程中，每个人都超越自我，自然也会在工作上对自己有更高的要求，我们认为拥有健康的身体是做所有一切的前提。"

易居艺术荟——心健康，新主张

易居艺术荟是易居员工娱乐爱好的组织，旨在关注易居员工"心"的健康。易居艺术荟通过"心"的健康倡导，提升团队凝聚力、向心力，营造阳光的同事圈、工作圈，让员工不仅在专业工作中、更在人生态度中认同公司、融入公司、热爱公司。

易居艺术荟已经成功举办针对18周岁（含）以下易居企业集团所有员工子女易二代的"音乐夏令营"、全国易居摄影大赛2大全国级赛事。音乐夏令营，以音乐交流和比赛为主要形式，邀请包括"西班牙钢琴王子"Mario Alonso 马里奥·阿隆索、上海音乐学院博士和教授来担当评委，专业指点和评选参赛选手。把艺术浸润进孩子们心中的同时，也促进了员工们与"易二代"的亲子互动交流，让易居人和易二代沉浸在美妙的艺术熏陶中；易居摄影大赛，为广大摄影员工爱好者提供更好创作平台的同时，还将汇总所有参赛摄影作品上线"易居企业集团公益购买"链接平台，统一捐赠给易居企业集团帮困扶贫平台，用于集团内员工的帮困基金。

2017年成立的易居摄影俱乐部，吸引近300位爱好摄影的易居人共同分享无数美好与感动的瞬间，2018年还推出"一日一图""一月一赛"等不同主题的活动，来展示时代的发展和变革，中国式房地产一线的场景以及更多易居人的风采。

易居企业集团行政总裁严安女士表示："艺术荟的文化建设系列活动，是为美、为爱而做的品牌活动和文化活动。希望通过这些活动和比赛，让大家感受到易居文化的传扬，寓教于乐，寓美于乐。"

秉承"用艺术熏陶员工心灵，感受企业文化情操"的宗旨，"易居艺术荟"为员工及家属搭设诸多展示、学习平台，全面注重员工的心理健康和文化修养建设，将艺术慢慢浸润到易居员工及孩子们的心中。

易居价值观——只有健康生活，才能健康工作

易居企业集团的企业文化里提倡一种"大雁精神"，其中有两层寓意，一是提倡头雁带头奋进的精神，二是提倡无私的团队合作精神，这种精神是个人职业发展，团队共同拼搏、企业长足发展的基础所在。以身作则、全力倡导和支持员工健康运动，是易居企业集团高管的共识。

易居的健康管理，由企业的经营层直接管理、推动。除了自上而下的高效管理确保健康管理各项工作高效执行、全国推广、有效落地外，易居的高管们也都身体力行，成为健康的表率。

易居中国的高管团队几乎个个都是运动高手，COO 宗磊先生坚持跑步，近三年每天都跑十公里。行政总裁严安女士喜欢跑步，也喜欢瑜伽，更加注重与员工的互动交流。凡是高管出差的地方，都会与当地的同事做一次运动的活动。

对于易居企业集团而言，"健康"是集团高层的理念坚持，是提升员工满意度的重要内容，因为只有企业健康才能基业长青，以最小的成本投入获得最大的收益效益。因此，在易居企业集团，由高层积极带头推动，员工纷纷踊跃参与，举办各种形式多样、丰富多彩的有益员工身心健康的各类活动。但健康活动如果做得太散，没有形成体系和运营机制，就不能凝聚成巨大的作用力，易居运动汇和艺术荟，就是把易居的健康活动形成体例，从主题到形式，从外部专家、供应商的借力到内部员工的宣传和鼓励，从 2018 年开始注重健康数据的沉淀和累计。

作为 2017 中国企业健康管理创新实践十佳雇主，易居企业集团一直在践行这样的价值观：只有健康生活，才能健康工作。让企业始终充满了活力与激情，让员工时刻享受幸福与骄傲。

高管访谈

访谈对象：**严安女士**　易居企业集团行政总裁

编委会：易居中国上市后，健康管理工作会做方向性的变动或调整吗？

严安：首先"健康"主题不会变，在企业的发展过程中，人才是第一位的，员工的身心健康都会放在首位，上市是一个新的良好契机，有更多的机会和资金去为企业的健康管理工作投入。今年我将重点关注如何在主题和形式多样性上提升，员工健康保险的升级，引导培养健康数据的收集习惯，还有如何将日常健康活动的数据沉淀出来等工作，包括未来可能和咨询公司合作，看如何提出健康指数，为后续的活动提供依据和指导。就上市主题，我们刚刚策划了"720"跑活动，全员参与特色各异，西安分公司围绕古城墙跑出720的运动轨迹图特别有代表性。另外日常健康活动也更丰富，每天中午12点到1点都有不同的瑜伽、减脂主题运动。更加多元的主题和形式，将覆盖更多的易居员工和更好满足差异化的健康需求。

编委会：公司最初去创办"运动汇"和"艺术荟"的时候，有哪些因素推进或者为什么会选择"健康身心"这样的角度呢？

严安：公司现在的员工人数基数很大，如何去激发所有人的健康意识和参与运动的积极性，还能把这些运动和活动融合在一起，是一个需要解决的现实问题。房地产行业目前的发展周期、变化的节奏增快，员工们尤其是一线员工非常辛苦，随着招聘人员和业务规模增长，入职员工年龄层次越来越小。我们在招聘的时候发现，和薪酬、职业发展前景一起，"愉悦"也排在工作选择因素中非常重要的位置，常规的生日会、聚餐、唱歌等团建形式已经不太能引起年轻化员工群体的共鸣，而"健康"这个主题是永恒的，不论是工作还是生活，覆盖面也是广泛和全面的，而我个人也是健康生活和工作观念的受益人和拥护者。所以选择"健康"这样的主题是顺应时代、公司、个人发展需求顺理成章的。

编委会：对于开展健康管理工作，易居在规模和形式上都取得了显著的成绩，对于如何平衡忙碌工作和健康运动，您有哪些想要分享的个人心得？

严安：这里的平衡工作和健康活动应该更多的是指时间安排，我个人已经把健康运动融入日常生活，对饮食加强自我管理，每周 6 小时左右时间运动，如果出差在分公司也会参与当地的运动和健康活动，不会对工作时间造成负担。另外我想分享易居企业集团目前在上海试点，与供应商合作为上海职场的员工提供健康理疗服务，包括"亚健康"的调理和工作疲劳舒缓按摩、推拿等，配合上海职场团队工作节奏，针对颈部、肩部不适等健康问题，量身定制了"工间操"，在午休的时间、适合的地点组织自发性的锻炼，达到全员健身的效果。所以，我觉得这个平衡其实很简单，一方面是自律，另一方面就是氛围带动和日常融合，善于利用零散时间。

（本文采写：刘磊　程玮）

印孚瑟斯：

健康评估和生活方式强化计划

公司简介

　　印孚瑟斯(Infosys)是数字化与咨询服务的全球领军者,帮助 45 个国家的客户领航他们的数字化转型。凭借 30 多年在系统管理和全球化公司运营方面的经验,Infosys 娴熟地帮助客户越过数字化旅程中的一个又一个挑战。Infosys 通过 AI 核心技术赋能企业,让他们游刃有余地区分出变革的优先事项。Infosys 还通过大规模采用敏捷数字化技术,帮助企业打造前所未有的绩效和客户愉悦度。Infosys 不懈学习,帮助客户构建并向其传授数字化技能、专知和来自自身创新生态系统中的创意,令客户的业务不断改进。

　　印孚瑟斯技术(中国)有限公司是 Infosys 的全资子公司,总部设于上海,并在闵行紫竹高科技园区耗资 1.5 亿美元建成印度之外最大的园区,也是外资 IT 企业在华的最大单笔投资。印孚瑟斯中国现有员工数量超过 3 000 人,并在北京、杭州、深圳、青岛、大连、香港设有交付中心或办事处,在嘉兴成立了企业大学。除服务于在中国开展业务的外资企业之外,印孚瑟斯(中国)立足于中国,深耕国内市场,聚焦于助力本土企业进行数字化转型,开拓国际市场。

最佳实践

　　"叮咚"，聚精会神敲代码的技术工程师 Johnson 忽然收到电脑弹出呆萌的卡通和气泡提示语："你已经连续工作 2 小时，请起立活动你的四肢。" Johnson 意犹未尽地关掉弹窗，从椅子上站起来，活动下略微有些僵硬的脖子和四肢。在去茶水间冲杯咖啡的空档，他看见大屏幕上正好在播放印度总部拍摄的办公室瑜伽，Johnson 跟着模仿了起来，拉伸四肢，环绕肩部。几分钟之后，他感到通体舒畅，精神饱满。

　　Johnson 回到工位。"嗨，Johnson，今天下午的健康讲座你去吗？"同事问。"稍等……"Johnson 打开公司内网，标红的 HALE 专题项目栏目提示，下午 4 点有个 30 分钟的中医养生讲座，介绍脊椎病的预防和失眠管理。Johnson 想起最近收到的体检报告，是该注意这些健康问题了。半个小时，应该不会耽误到紧张的工作进度。于是他顺手点击了"报名"。"我去！""好滴，那一会我们一起"。

　　Johnson 的经历是 Infosys 公司里众多享受 HALE 项目提供的健康福利的员工的日常缩影。

健康体系——HALE 专题项目

　　Health Assessment & Lifestyle Enrichment Plan（健康评估和生活方式强化计划），简称 HALE，是印孚瑟斯公司从印度总部开始推行的体系化运作，HR 部门负责组织实施的员工健康与休闲的专题项目，主要包括健康建设、安全教育、心理调节、休闲活动四个方面，全面覆盖管理员工身心健康的各个方面。

　　在具体实施上，健康建设注重事前防范和行为改善，如系统里的健康行为引导弹窗和贴士提醒，定期的健康专家讲座、体检，不定期的各种健康 PK

比赛,步行大赛、平板支撑大赛,礼品奖励参与人员,提高健康管理意识和参与度;安全教育注重演练和实操,如邀请专家定制化设计实操教学,开展意外急救演练、消防演习等;心理调节注重引入专业供应商的支持,如心理疗愈课程、EAP 热线服务;休闲活动会对员工自助组织提供便利和支持,引导员工自发成立兴趣爱好小组,参与丰富多彩、趣味盎然的各类活动。

HALE 项目中国总部在宣传上颇费了一番心思,从餐厅门口的宣讲台到办公室里的各种指示牌,从电梯口步行上下楼提示牌到员工休闲区电视屏的运动视频播放,办公楼里随处可见 HALE 项目的相关或健康意识的引导。用周风华的话来说,"动员一切可以动员的力量和宣传方式,让健康理念对每一位员工入耳、入眼、入心,效果就水到渠成了"。

为了保证项目的顺利实行,印度总部采取了两大举措来切实推进项目落地。一个是内网系统上特设"HALE 项目"展示模块,置于总体版面的醒目位置,通过音像资料和文字,图文并茂地展示各种活动通知,项目进展提示,增强项目的知晓率;另一个是特别设置了信托基金,对项目资金的申报和使用进行核算和运作,专款专用。对于急难性临时救助,员工也可以对特设的资金申请款项,无须经过日常多层级的费用预算申报审批流程,最大化地简化审批流程,提高救助时效性。

员工互助——从印度到中国的"Spring 泉水"公益组织

"Spring 泉水"公益组织,管理模式类似大学生社团,由员工自愿、自发组织,依据章程自主开展活动。来自五湖四海,各个不同部门,不同岗位的印孚瑟斯员工本着对公益的热爱,发挥各自所长,对外积极参与各项公益活动,对内协助公司推进各类员工关系建设、开展有益于员工身心健康的活动。这个组织最初由印度总部热心公益的员工成立,中国公司的同事借鉴和复制了其运行模式,于2007年开始在中国总部推进,以非官方的形式运作,得到内部员工的广泛支持和信赖。

印孚瑟斯园区——"重视员工的身心健康"始于公司文化基因

"我们有一个梦想,那就是为加入公司的高素质人才提供最好的工作场所。如果我们的员工认为园区是工作和休闲的好地方,他们就会在公司呆得很久,他们的工作效率会更高,他们会肯定我们对设备进行的投资。当我们请客户参观园区的时候,他们都会赞叹不已,将我们视为高级公司,与其他企业区别开来。"印孚瑟斯前董事会成员莫汉达斯•派(Mohandas Pai)在《印孚瑟斯领导力》一书中如是说。

长期以来,印孚瑟斯公司战略就是要赢得所有利益相关者的尊重,宏伟的建筑正是这一战略的一个表现。印孚瑟斯一直致力于成长为一个聘用最优秀的人才,提供最优软件解决方案,赢得全球尊重的软件公司。印孚瑟斯很多壮观的园区不是在公司发展壮大后修建的,而是建成于20世纪90年代,当时建设园区的成本甚至超过了公司的年收入。公司的目标是营造一种氛围。利用基础设施给予客户信心,让他们意识到印孚瑟斯是世界上最好的公司之一,同时为印度软件人才打造一个良好的工作环境,让他们能够在竞争日益激烈的劳动力市场获得成功。高速连接、自备发电和最先进的客户服务中心,确保了在良好福利环境下工作的员工可以为全球客户提供完美的离岸体验。

印孚瑟斯拥有度假村般的基础设施,其设计宗旨就是为员工提供激励。印孚瑟斯中国区总部位于上海闵行紫竹园区,两栋绿色透明长方形建筑由巨大的圆形拱门连接,淡蓝色的logo低调又精致地位于楼角顶端,在园区大片的黑白灰的建筑群里分外醒目。透光率较高的绿色玻璃从外部就能隐约看见公司的内部布局,Infosys Shanghai Campus(印孚瑟斯上海园区)延续了印度总部的设计理念和风格,大部分的办公区域都是使用自然采光,每天都像是工作在阳光房里那般春暖花开。办公设施的安排、通风、采光、空调的温度设定等,都和员工的身心健康密切相关,也和员工的工作效率密切相关,公司在装修设计阶段,就兼顾建设成本、企业风格以及员工身心愉悦等多维度需求，以 LEED 绿色建筑认证为目标，重视员工身心健康发展和有远见的公司才会这么提前和规划着做吧。宽敞明亮的健身房、乒乓球房、员工餐厅、哺乳室、阅览室、小卖部、ATM 机、自动售卖机随时让员工的运动和休闲需求得到满足。

＊小贴士

LEED(Leadership in Energy and Environmental Design)是一个评价绿色建筑的工具，是世界上对绿色建筑进行设计、施工、维护及操作认证的最重要的系统。宗旨是：在设计中有效地减少环境和住户的负面影响。目的是：规范一个完整、准确的绿色建筑概念，防止建筑的滥绿色化。LEED 由美国绿色建筑协会建立并于 2003 年开始推行《绿色建筑评估体系》，是目前在世界各国的各类建筑环保评估、绿色建筑评估以及建筑可持续性评估标准中被认为是最完善、最有影响力的评估标准。

LEED 认证作为一个权威的第三方评估和认证结果，对于提高这些绿色建筑在当地市场的声誉，以及取得优质的物业估值非常有帮助。

近十年来，信息技术服务业正发生深刻变化和迭代，人工智能发展之迅猛使得巨大的机遇和挑战并存。作为一家以信息技术研发为核心竞争力的 Infosys 公司来说，员工健康与公司的发展速率和业务之间存在着正相关的关系，员工健康已成为公司最重要的财富。如何让员工不仅获得价值感，能更好地享受福利尤其是健康福利，印孚瑟斯中国区人力资源总监周风华带领她近 30 人的 HR 团队成员为中国的数千名员工提供人力资源支持和健康项目的运营和服务，用超 10 年的持续热情坚持策划组织和运营创新。"健康在员工健康管理这个话题上，一直在说着企业的责任。其实，员工的健康，最大的受益人还是员工自身。企业需要做有效的健康教育和培训，提高员工自身的健康管理意识，形成良好的工作和生活习惯。"周风华说。

周风华 2008 年进入 Infosys 公司，担任印孚瑟斯技术（中国）有限公司人力资源总监已有十年，她在接受采访时，坦言自己的职业生涯很幸运，进入这个把不断成长和保持健康放在同等重要位置上的公司，所以伴随着幸福感和充实感一晃就服务了10年，见证了印孚瑟斯从人力密集型信息技术外包服务公司向人工智能服务公司转型，见证了中国总部的员工健康体系从无到有的建设过程。"中国区最佳人力资源团队""人力资源先锋团队""人力资源先锋雇主""人力资源领导者"，这些奖项和荣誉在周风华看来都是重视员工的身心健康，"成为备受尊敬的公司"使命感召唤下的自然实践。

高管访谈

访谈对象：周风华　*印孚瑟斯中国区人力资源总监*

编委会：您如何看待健康管理的重要性？

周风华：随着社会的进步，在当今世界，员工需求日益多元化，其中对健康、生活与工作平衡的重视和要求越来越高。对员工健康进行投资，体现了企业对员工的关爱，是一项在财富增长类福利之外，公司提供的健康保险类和工作生活平衡类福利。对公司来说，这有利于内部人才保留和外部人才吸引，有利于建立有竞争性的雇主品牌。同时，也会带动劳动生产力和绩效的提升：员工因健康状况导致的效率低下，或者经常性缺勤产生的对成本的影响，是隐性的但不可忽视的。从长远来看，这对劳动者和企业双方都有不利的影响，因而需要适当的规划和积极管理。

编委会：您认为在员工健康管理工作中需要重点关注的内容有哪些？

周风华：最应该关注的是预先防范和事后救济结合，员工健康管理是一项对员工的健康状况进行跟踪、评估的系统工程，因此预防和控制在管理工作的前期就应足够的重视。预先防范包括：员工健康教育、员工定期体检和补充健康保险。在当今社会，人们对健康的关注已经从身体延伸到心理，帮助员工管理情绪和各种关系也应该成为健康教育的重要内容。还有，健康管理的方式要多样，除了关注那些可以花钱办的事，也别忘了关心情绪，投入情感，注重工作的方式，体现出对员工的真诚的爱护。前面说到可以让员工互助，它的益处就在于可以让员工感受到来自同事间的广泛的关心和友情，具有较好的精神层面的放大效应。

编委会：可以具体谈谈 HALE 项目在实践过程中最有挑战的地方吗？您又是如何处理的？

周风华：我在 Infosys 公司的十年里，经历过组织架构的几次较大变动。在业务处于快速扩张期，招聘压力激增，当时团队人数较少，大部分成员都入司不久，校招和社招不同渠道的进入成员在年龄段和工作经验上差距较大，日常的工作都处于满负荷状态，公司整体招聘、入职人数激增，超常规工作量加大，在战略调整阶段如何带领团队继续保持热情和创意来运营健康管理工作，可能是那些阶段里最大的挑战。我的解决办法是通过不断地调整自己和团队的心态，有意识地引导所有人在面对挑战和压力时用更积极的心态去面对。

编委会：中国员工对 HALE 项目的认可程度如何？

周风华：认可度还是很高的。举个例子来说，每年都有很多离职员工会申请再回公司，在面谈时，他们中的大部分人都会谈起 HALE 项目里的各种健康和休闲活动，认为公司非常尊重和考虑他们的感受、想法，团队氛围很难忘。

（本文采写：段芳 智姝婕）

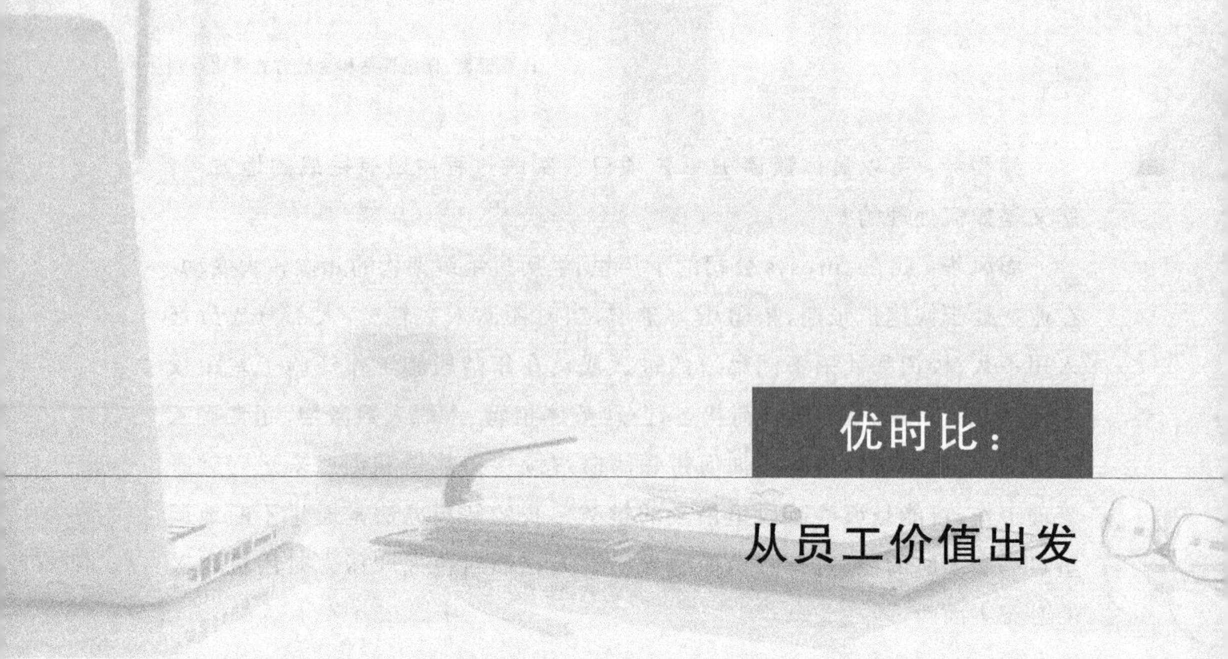

优时比：

从员工价值出发

公司简介

优时比制药公司(UCB)始建于 1928 年,总部设在比利时布鲁塞尔,在英国 Slough 和比利时 Braine-l'Alleud 设有两大研发中心。在 90 年的发展中,优时比制药公司致力于为免疫系统和神经系统重症患者提供创新药物和疗法,造福患者。

20 世纪 90 年代早期,优时比就开始进入中国市场开展业务。1996 年,优时比在上海设立了在华第一个办事处。2006 年,优时比收购了德国许瓦兹制药公司及其在珠海的生产厂,并于 2007 年上市了新型抗癫痫药物开浦兰,这一系列的动作,让优时比在中国一举成为发展迅速的医药公司。

如今,优时比中国总部位于上海,并在北京、成都、广州等地设有区域办公室,其新的制药工厂位于珠海。在 700 多名员工的共同努力以及合作伙伴的通力合作下,优时比中国为改善癫痫患者、缺铁性贫血患者、过敏患者以及反复呼吸道感染患者的生活做出了积极贡献;2018 年 6 月,随着优普洛的获批,优时比还将为帕金森病患者带来福音。在未来几年里,优时比将继续为中国市场推出更多神经系统和免疫系统方面的创新药物及解决方案,惠及更多患者。

秉承"病患为本、科学为证",优时比始终致力于为患者提供创新解决方案,改善患者体验,提高其生活质量。凭借在"为患者、社会和股东创造价值""卓越业绩""保护环境"和"创新"四大维度的杰出表现,优时比在 Corporate Knights 杂志评选出的 2017 年"全球最可持续发展企业百强榜"荣登第四。

以"为患者创造价值"为己任的优时比,注重企业的可持续发展,在企业员工健康管理上,也希望为员工带来最大价值。

最佳实践

周一上午,一走进优时比的办公室,便看到一个精心布置的展厅,背景板上大字标题写着"24H 的爱:优普洛正式获批,造福帕金森病患",展厅设置了不同的现场体验区,其中一个是"面具脸体验",介绍文字下面,挂满了白色的面具,展厅还准备了一个大大的二维码,看上去很像要做一个互动活动。旁边一个展架上,特别解释了"面具脸":是指面部肌肉运动减少,很少眨眼睛,双眼转动减少,表情呆滞,像戴了面具一样,是帕金森病的典型症状之一。这个"面具脸体验"活动的设计是希望让参与互动的人感受帕金森病患者得到 24 小时持续稳定有效控制后能体验的生活改善。

这个意义深刻的活动,是优时比为上市的新药"优普洛"所做的内部宣传活动。把枯燥的产品介绍会,变成生动有趣的互动活动,并鼓励全员参与,让员工了解正确疾病知识、患者未被满足的治疗需求以及公司的新产品能为患者创造的价值,同时也能让员工对自身预防各种疾病、保持健康有所帮助。这是一个有价值的健康链接。

作为一家制药企业,和医疗健康"靠得非常近",所以,优时比在公司内部的健康管理,有很多这样的特别之处。

公司的价值观与愿景,链接员工健康管理

像"24 小时的爱"这样的活动,基于业务的需要,能够带动员工健康意识提升和知识增长,是优时比做企业健康管理的特别之处,公司的价值观和愿景与健康的理念高度一致,为优时比员工健康管理提供了许多优势。

首先,公司的管理团队非常支持健康管理,愿意身体力行参与到各类与健康主题相关的活动中,并对员工喜闻乐见的活动提供相应的资源。

同时,员工自身的健康管理意识很强。公司里许多员工有医药专业相

关背景，他们关注自身健康，认同健康管理的理念，不仅积极参与，热烈响应公司各类活动，甚至愿意出谋划策，提供帮助。例如公司内部的"疾病防治宣传讲座""中西医问诊"等活动都是由员工提议或协助下得以顺利完成。

另外，公司作为医疗健康行业中的一员，对外部医疗健康环境信息更为敏锐，更容易把握时下流行和大家关心的与健康相关的话题，把员工健康管理落到实处。当然优时比从目前在国内推出的产品所涉及的治疗领域出发，也时常将该疾病原理及防治知识普及给员工，对员工自身日常的健康管理也颇有助益。

身心结合的健康策略

在优时比，公司认同的健康管理，不仅是对身体健康的管理，也涵盖了健康的心理、良好的精神状态和社会适应能力的管理，而具体的管理策略则是放在"知""行"两端，强调"知行合一"。

在"知"上，除了业务背景带来的健康理念和知识外，还会有"午餐会"这样的平台来帮助员工推进健康管理。

优时比的"午餐会"项目始于 2015 年，每月一场，员工可以根据感兴趣的话题自主报名参与，每期参与人数都在 30～50 人左右。"午餐会"的内容中，与健康相关的主题占到 80%，主要是帮助员工提升健康管理意识、学习健康生活的方式，并能应用到自己的工作生活中去，提高幸福感。例如近年来较受欢迎的话题《高情商管理》《神奇的心理暗示》《职场女性化妆礼仪》《和孩子的情绪做朋友》《察"颜"观色》都旨在帮助员工提高身心健康和社会适应能力。

2018 年 1 月的"午餐会"，主题是"生命的复苏——学习如何心肺复苏"的培训。专门请到了复旦大学附属华东医院急诊科主治医师，为员工们分享医院急诊室的日常，让员工了解急诊室内到底是什么样子，并学习能救人一命的心肺复苏术。这是一种健康安全预防措施，让办公室成员们都能掌握急救常识，惠己及人。

在优时比的珠海工厂区，则是把类似的培训会放在每周五的早餐。早餐会不仅为全体员工提供一餐营养丰富的早餐，并在轻松愉悦的氛围下，让员工边享受美食,边学习了解健康知识,这样的形式非常受员工欢迎。

在"行"上,优时比会提供员工更多参与运动的活动和机制。

公司鼓励员工积极健身,投入资源为员工健身活动提供便利,在公司附近1公里内的瑜伽馆为员工开设名额,同时也和附近的健身场所联系为员工提供免费的健身机会。目前,瑜伽课程和健身活动广受欢迎,很多员工从开始有这个瑜伽课程就坚持参加,每周两次,每次1个小时,身体素质、体态都有很大改变。

团队运动也是优时比推动健康的方式。优时比为每个部门准备了一定的健康经费,用于各部门进行各自的健康管理。部门就自己的员工喜好,用这些费用去组织各项运动,目前大家比较热衷的团队项目主要是足球、篮球,会经常组团踢球、打球,还时不时会组织员工参加公司外的一些邀请赛。像2017年的4月—5月,优时比的"UCB上海足球队"就参加了第五届"南东·上卧杯"八人制足球邀请赛,在一个月的时间里,和区内几家企业比赛多场,也取得了不错的成绩。

同时公司也鼓励员工保持工作生活平衡,合理安排休息时间,保持精力充沛和健康的生活状态。在今年世界杯期间,公司额外赠送员工"观赛假",让员工快乐看球,充分休息,以更好的状态投入工作,这一创新性的政策也让员工们津津乐道。

用"知行合一"的管理策略,让员工在"知"之后,更好地去"行",帮助员工保持身心健康,把健康管理真正落到实处。

WISE 女性发展组织

优时比一直强调多样化文化,关注不同的职业群体。职场中的女性群体往往要兼顾事业、家庭,在工作生活中面临很大的挑战,因而也在身心健康管理、职业发展方面有不同的需求,需要公司给予帮助和支持。

2015年优时比专门成立了WISE(Women with Intelligence, Strength and Equality)女性发展组织,致力于帮助优时比女性员工更好地规划职业生涯、平衡生活和工作、做好健康管理等等。在过去的三年中，WISE组织了30多场形式各异的线上线下活动，与成员们探讨生活工作平衡、职业发展、儿童教育、家庭生活、情绪管理等话题，来帮助女性员工增加职业技能、更好地经营家庭生活和开阔眼界。

比如开展"女性如何实现自我"这样的话题讨论，来引领女性员工找到自我，实现自我价值。公司也时常会邀请公司亚太区的高级管理者、全球总部的女性领导人来不定期地进行分享。公司曾经邀请到优时比董事会的主席 du Monceau 女士来为大家分享这一话题，就女性自我价值、目标定位以及自我实现的话题交换了想法，分享了感受。

幸福管理

幸福，是健康管理一个无法用数字化衡量的目标，但却至关重要。

优时比将提高员工的幸福指数，作为企业健康管理的一个重要方面。

为了增强凝聚力和归属感，优时比每年一次"家庭日"活动已成了各地员工期待的传统项目。2018年的家庭日活动在上海科技馆举行，特别的是还结合了母亲节。当天有120多个员工及其家人参与其中。父母们带着孩子用"骑行发电"的方式签到、进行脑力比拼、DIY给家人的礼物，还有一起上科学课……充分享受了家庭成员一起参与活动的欢乐。

此外还有一系列的活动：像传统端午节为员工提供"衣冠疗法"中药香囊的DIY体验活动、特别邀请的针灸推拿科室医生进行为期3天的中医保健、工会组织的系列艺术赏鉴活动等等，都是希望员工在健康生活的基础上，感受到人文关怀，拥有幸福的生活。

优时比中国区人力资源负责人谢蓉女士表示，员工健康管理的理念与优时比的企业文化紧紧相连，且与公司的价值观保持一致。员工的健康管理不仅仅是福利，也是公司人才管理的重要部分。随着人们健康意识的提高和更高生活品质的追求，未来企业的大健康管理也将会成为现代化企业管理的趋势所在。

高管访谈

访谈对象：**谢蓉**　优时比贸易(上海)有限公司中国区人力资源总监

编委会：优时比的健康管理在企业管理中的重要程度是？如何看待健康管理与企业发展间的关系的？

谢蓉：员工健康管理的理念与优时比的企业文化紧紧相连,且与公司的价值观保持一致。员工的健康管理不仅仅是福利,也是公司人才管理的重要部分。健康管理可以帮助企业增强员工凝聚力,稳定团队,增强员工对公司的认同感和归属感。对于员工自身而言,也是提高生活品质,增强幸福感,合理生活管理的一部分。随着人们健康意识的提高和更高生活品质的追求,未来企业的大健康管理也将会成为现代化企业管理的趋势所在,帮助企业更好的持续经营。

编委会：优时比的健康管理与企业文化,企业愿景之间有什么样的关系？健康项目的决策过程是怎样的？

谢蓉：秉承"病患为本、科学为证",优时比始终致力于为患者提供创新解决方案,改善患者体验,提高其生活质量。健康管理与公司的价值观高度一致,无论从管理团队还是到基层员工都非常支持健康管理的实施,并且愿意身体力行,且运用知识,合理提供资源来帮助企业将健康管理的活动以各种喜闻乐见的形式落实在实处。

(本文采写:段芳　智姝婕)

中宏：

健康战略引领健康管理

公司简介

  中宏人寿保险有限公司是国内首家中外合资的人寿保险公司,成立于1996年11月,由加拿大宏利旗下的宏利人寿保险(国际)有限公司和中国中化集团公司核心成员——中化集团财务有限责任公司合资组建。

  中宏保险成立到现在,已经在中国保险市场深耕经营二十年,致力于为公众提供稳健可靠、深受信赖和具有远见的保险产品和服务。目前,中宏保险已拥有1 900多名员工,分布在51个城市,为百万客户提供专业服务,在上海、北京、广东、浙江、江苏、四川、山东、福建、重庆、辽宁、天津、湖北、河北和湖南等地都有很好的发展。

最佳实践

最近，中宏的 HR 团队正在忙一件事情，就是柬埔寨 Angkor Wat 马拉松该让谁去？怎么选出更棒的选手？这个选手要平时都参与运动、在员工中有榜样作用、有一定的号召力以及是否有创新精神等等，这些都是 HR 们需要衡量的点，但所有这些的前提都是，选手必须关注运动。

由于一年一度的"柬埔寨 Angkor Wat 马拉松"很受员工们追捧，几届下来，都是名额爆满，所以今年这个"柬埔寨 Angkor Wat 马拉松"选拔规则就要更加细致地琢磨一下。

其实之前就有非常严格的报名要求，比如，必须有中宏"move"软件上运动的记录，必须有跑过马拉松的证明或是长跑的经验证明等，还会组织一些小比赛。但自从有了这个赛事，员工的参与热情就很高，每年报名人数太多，以至于现在中国区员工报名后，需要和亚太区所有报名选手参与一轮抽签，才能最后定下来谁能有机会去参与这个马拉松。

这个活动在员工当中反响特别好，通过这个活动，除了让很多原本就跑马拉松的员工有免费参赛的机会，还带动了大量的员工开始去做这项运动，参与到"柬埔寨 Angkor Wat 马拉松"的运动热潮中。

中宏很希望通过样的活动去带动员工关注健康、参与运动，所以非常鼓励员工参与，会赞助给最终入选员工 5 000 元的参赛费，也运用选拔的过程传递运动健康的理念，也将全体员工的运动热情更高地带动起来。

健康管理三大战略

中宏，一家以保障、健康为其价值导向的公司，把员工视为这其中不可分割的一部分，所以特别强调企业健康管理，有自己的健康管理三大战略，像倡导员工参与马拉松这样的活动，就是在"健康生活方式"这个战略指导下的具体实践行动。

中宏的三大健康管理战略,分别是健康生活、疾病预防和大病保障,这也是健康管理的三个重要阶段,贯穿整个生命周期,针对不同时期的需求做相应的健康管理。

健康生活,主要是鼓励员工拥有健康的生活方式,重点在于通过良好的生活方式引导,像运动、营养、疗养等,来帮助改善员工的健康状况,引领员工去用更为有利身心健康的方式生活,从而拥有更健康的身心。授人以鱼,不如授人以渔,把"健康生活方式"理念传递给员工,是在讲"预防疾病"策略之前,先把最通用的"保护伞"撑起来。

疾病预防,则重在"疾病"相关的预防上面,通过体检、在线健康和心理测评、在线问诊等方式,服务员工,帮助员工筛查疾病,早早预防,从身体到心理,做到"healthy body,healthy mind"。

大病保障,则是一个"安心"举措,是在"改善"与"预防"之后的健康后防线。通过为员工开设"绿色通道"、团险升级、建立共同保障基金等,让可能患上"大病"这种恐怖,因为有预先安排和更好的保障而少些担心,也能在员工真正困难之时更好帮助员工。

这样的三大健康管理战略,是中宏一直坚持的,也真正从战略出发,指导其健康管理在企业中的具体实施,让员工真正享受到健康管理的红利。

生活方式改善健康

在"健康生活"这个战略实施上,跟随着移动互联网技术的发展,中宏也想到了用科技帮助员工提升健康生活理念,用工具帮助员工养成良好的健康生活方式。

这个工具,就是中宏 2016 年开创的健康管理品牌"MOVE",它通过运动手环记录员工每天的健步步数,再通过员工达成设定的健步目标,实现步数与保险保额之间的兑换。这款产品在投放市场之前,先在中宏员工当中推行的,员工是第一批通过它提升健康的人群。

MOVE 计划在 1.0 推行阶段，有一个有趣的点子，来吸引员工参与到"MOVE"健康计划中，这个创意是："一步一动都有价值"，意义在于，你每走一步，每动一下，都会有健康奖励。

当时，中宏为在册的每一位员工配备了一个 Misfit（运动手环），Misfit 记录员工每时每刻的步数，然后与 MOVE APP 对接。这个被记录的步数汇总后，就可以去兑换免费的保额：在一个计步周期内，日均步数达到 5 000/7 000/10 000 步，可分别获赠 10 万元/15 万元/20 万元保额恶性肿瘤疾病保险，相当于走的越多，就可获得的保额就越多。

把推动理念和健康收益相捆绑，让员工立即意识到了真的是"一步一动都有价值"，既可以健步健身，还可以拿到免费保额，何乐而不为呢？很快，"MOVE"计划就被员工接受，连很多平时不运动的人，也变得愿意动一动，开始关注自己的运动数据。

MOVE 计划 1.0 期间，中宏累计有 1 000 多位员工参与了这个活动，这其中，有 54% 的参与员工最终成功获得赠险，有 190 多位员工获赠 10 万保额的保险，180 多位获赠 15 万保额，另有近 200 位员工获赠 20 万保额，这其中虽然有 40% 多的人最终没有达标，但是全员推动的效果已经达到了。

"MOVE 计划其实更像是一个连接器。中宏有差不多 1 900 名员工分散在 51 个城市，很难有一个活动，能高效地把大家聚在一起，共同为健康努力。MOVE 却很轻松地就把大家连在一起，提升了整个公司健康管理的氛围。"中宏人寿保险有限公司高级副总裁付洁女士总结说。

MOVE 计划如今已经进入 2.0 阶段，正与苹果 Apple Watch 展开合作，参与 MOVE 计划的员工可以以优惠价格分期购买 Apple Watch，只要员工每个月能达成自己的运动目标，在步数、锻炼和站立三项健身记录目标都达标，即可获得健康奖励金，12 月运动目标都达成，就相当于免费获得 Apple Watch，这个吸引力还是很大的，员工投入的热情很高。

这个新阶段，赠保也还在继续，并提出了新的"每一份投入都有价值"的理念，希望让员工能看到自己的每一分健康投入，都是有价值的，员工其实能更清楚地通过赠送保额的价值，感知公司帮助他促进健康的价值。

中宏也会用各种方法去鼓励员工使用 MOVE，为了让员工更爱"MOVE"，天天用它，像开篇提到的赞助员工去跑马拉松，或是与大牌合作带来更多内购活动，都是中宏用到的"招式"，这让这款健康产品的员工使用人数以及使用率都保持在一个高水平，对于中宏的健康管理，起到了不小的作用。

在健康生活方式引导上，中宏还设立了一个专门的平台——宏媛荟。这是一个为女性员工服务的平台，致力于通过提供资源和搭建平台等方式，挖掘女性员工潜能、激发女性员工活力、激励女性员工平衡发展，成为女性员工相互指导、共享经验、携手互助、规划未来的平台。

2015 年，宏媛荟（GWA China Chapter），作为宏利全球女性联盟（Global Women's Alliance，简称 GWA）的中国分部在中宏正式成立。几年的时间里，通过这个平台做了大量的活动，像健步走竞赛、女性领导力、亲子沟通技巧、员工子女夏令营、职场礼仪等等，帮助女性员工提升和引导从身体、心灵到职场等各角度的"健康"，让她们能更好地在中宏展现自己、成就自己。

这样一个组织的发起，是源于中宏的员工中，女性员工偏多，而女性本身在身体、职场上都面临更多的健康不稳定因素，所以，用特别的组织形式，对女性员工的健康生活引导，对于中宏来说尤为重要。

身心并重预防疾病

健康生活方式的引导，能让员工改善生活状态，进入正循环的健康方式中，而疾病预防，则是通过各种手段，让员工减少生病概率，保持健康的状态。

在这个很重要的健康管理环节中，中宏特别强调"身心并重"的健康管理，希望帮助员工做到"healthy body，healthy mind"。

在"身"方面，常规的体检是必须做的，中宏则更希望这些体检能对员工更有价值，所以会不断寻找"体检升级"的服务，以便能有不同类型的体检服务应对员工不同的需求。

这也是源于公司对健康问题的重视，在这方面，中宏特别愿意倾听员工意见。每年中宏都会通过"员工敬业度"调查这样的方式，收集大量的员工反馈的问题，这些问题中，和健康相关的，会以最紧要的级别来处理，由公司里的中层管理人员选择"承包"，牵头成立项目组专门去解决。即便是不能立刻解决的，也会向员工说明原因。所以，在中宏，基本上健康相关的事情，任何细小的问题，比如说体检时间太短，人太多等等，都会被专人盯着解决掉。

在"心"的方面，培养员工兴趣爱好的同时，加强心理辅导，是中宏现在使用的两大方法。

中宏工会 2010 年就开始成立了合唱团，目前已经有近 80 名成员，每周进行曲目练习，不定期的音乐赏析和研讨，提升音乐素养。中宏合唱团除了每年在员工年会上做表演，甚至已经在上海文化广场、上海音乐厅等专业场所进行过演出。

2013 年开始，中宏工会每年向所有会员推出文化基金，定期推荐文化市场上热门经典的演出，如音乐剧、芭蕾、乐团演出、钢琴表演、话剧等，每位会员都可以根据自己的喜好免费申请 2 张门票，至今，工会已经累计推荐并提供了 76 场文化演出欣赏。

这些文化兴趣爱好的培养，对于员工情绪疏导、压力释放、增加生活乐趣都起到有很大作用。而 2016 年引入的"工作生活教练"（work life coaching），则可以帮助心理上有一定承压、需要专业指导的员工。员工或家属都可以通过"工作生活教练"免费取得心理方面的援助。

由于中国人群的特殊性，在中宏实践中感觉到，员工对于心理咨询援助类的服务的使用率不高，反而是那些有助调节心理压力、提升心理素养的活动，更加能帮助到中国员工。

安心保障重要环节

大病保障，是中宏健康实践中最具优势的地方。

中宏首席执行官＆总经理张凯女士坦言，作为一家金融、保险公司，公司是非常希望自己的员工是最先受益的。

这个受益，最直接的体现就是在"大病保障"这个层面上。

大病保障是企业健康管理的末端环节，也是员工们普遍最担心的环节。在不可预期的未来里，给到员工一个可以预期的保障，在中宏看来是自己最有能力做也是最应该做的事情。

中宏为员工提供了涵盖寿险、意外险、医疗和重疾等多项保险的保障，其中部分保险保障也覆盖到员工的家庭成员。而在基本保障之外，员工还能以优惠的费率自行购买更多自选保障计划。

这些保障并非是一成不变的，而是随着社会发展、人员需求的变化等不断升级的。从 2005 年开始，中宏就坚持不断升级员工大病保障机制，每 2～3 年就会做出一次改变或升级，已经坚持升级 6 次。最近的一次升级，是在 2017 年，在普调了全员保障之外，额外引入了"员工自选计划"，员工可以在基本保障之外，根据自身需要，选择额外的定期寿险、门急诊和重疾的组合，满足不同年龄、不同阶段的员工需求。

而最能让员工感受到公司"健康支撑力"的，是中宏为员工建立的"共同保障基金"。这是在员工团险中，专门设置了公共保额部分，总费用达到了50 万，备给那些有可能需要的员工，为他们提供一份额外的费用支持。员工一旦罹患重疾，就可以向公司提出申请，确认后就可以在原有团险医疗费用 2 万元的理赔金之外再增加 5 万元的医疗费用理赔支持。

成立"共同保障基金"，是希望员工在遭遇到人生重大变故且导致很大经济损害时，公司尽可能为其多分担，帮助员工渡过难关。这也是中宏在做健康管理中发挥企业优势，尽可能保障员工的一种方式。

中宏首席执行官＆总经理张凯女士说，"行业在改变，需求在改变，中宏不能说自己在企业健康管理上已经做到最好，但可以说，我们是最愿意倾听员工需求，最愿意关注、保障员工的，员工只要有需求，我们就愿意去尝试。作为一家金融保险公司，并且是一家以保障为基石的保险公司，努力做好员工的健康管理，是我们责无旁贷的。"

中宏正是基于这样的思路，制定出自己的健康生活、疾病预防、大病保障三大健康管理战略，在生命不同的阶段给予员工足够的关爱，保障自己的员工拥有健康的身心，同时也有健康的未来。

高管访谈

访谈对象：张凯　中宏人寿保险有限公司首席执行官 & 总经理

编委会：中宏的企业健康管理重点是什么？最看重哪些实施结果？

张凯：中宏是一家保险公司，以保障健康和安全为重要使命，员工是我们使命中很重要的组成部分。首先让员工在健康管理中获益，让他们感受到公司无微不至的呵护，员工也会将同样的理念传递给客户，最终让客户受益。我们依托健康管理的三大战略，关注员工的健康生活、疾病预防和重疾保障，让员工在身体、心理、职场、家庭和社会生活中都能够保持健康，我们更看重员工从多维度健康管理当中所获得的安全感、满足感、自信与乐观的态度，以及这样的态度带给他的家庭和同事积极的影响。

编委会：不断推行健康管理，为中宏带来什么？产生了什么价值？

张凯：中宏特别愿意为员工付出更多，对我们来说，努力做好员工的健康管理，我们责无旁贷的。我们发现，当公司更关心员工的健康，高管也以身作则加入健康管理活动，员工则会更信任公司，归属感也更强，同时，也拉近了员工与公司高层之间的距离，公司氛围也更加融洽，在跨部门合作的很多项目上也能配合得非常愉快。同时，高管们在日常工作中关注健康管理，关心员工健康，员工会觉得自己是被重视的，在工作中的表现就会更好，对公司的满意度会更高，我们每年都会做内部员工的敬业度调研，在数据上也都能够体现。

（本文采写：段芳　智姝婕）

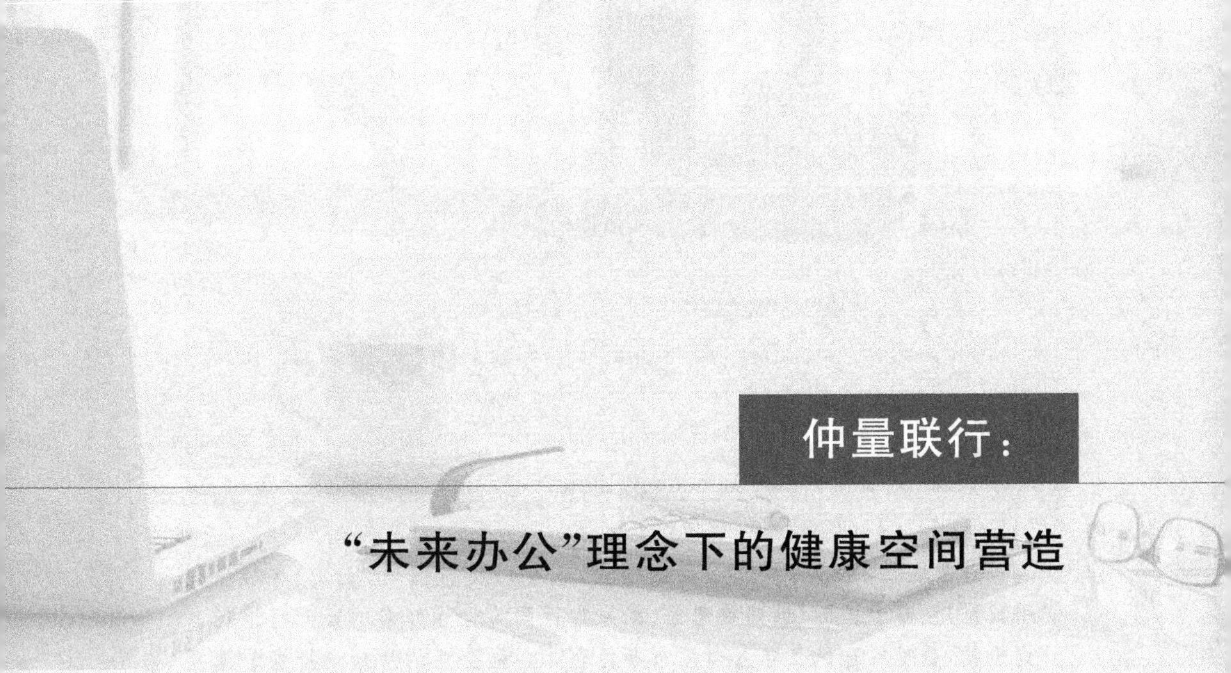

仲量联行：“未来办公”理念下的健康空间营造

公司简介

    仲量联行 1783 年成立于英国伦敦,纽交所交易代码:JLL。与第一太平戴维斯、高力国际、世邦魏理仕、戴德梁行同为世界知名的五大房地产咨询机构,是唯一连续三年入选福布斯白金 400 强企业的房地产投资管理及服务公司,《财富》500 强企业。2017 年度业务营收达 67 亿美元,总收入 79 亿美元,代表客户管理和提供外包服务的物业总面积逾 46 亿平方英尺(约 4.23 亿平方米),并协助客户完成了价值 1 700 亿美元的物业出售、并购和融资交易。截至 2 018 年 3 月 31 日,仲量联行业务遍及全球 80 多个国家,拥有近 300 家分公司,员工总数超过 83 500 人。

    仲量联行在亚太地区开展业务超过 50 年。公司目前在亚太地区的 16 个国家拥有 96 家分公司,员工总数超过 37 000 人。在"2016 年国际物业奖"评选中,仲量联行荣膺"全球最佳房地产咨询公司"和"亚太区最佳房地产咨询公司"。此外,根据监测全球房地产交易量的独立机构 Real Capital Analytics 的数据显示,仲量联行连续六年蝉联亚太区房地产投资顾问公司榜首。

    在大中华区,仲量联行目前拥有超过 2 200 名专业人员及 14 000 名驻场员工,所提供的专业房地产服务遍及全国 80 多个城市。在"2016 年国际物业奖"评选中,仲量联行再度荣膺"中国最佳房地产咨询公司",连续六年获此殊荣。

最佳实践

冬日来临,当室外的 PM2.5 指数让人担忧之时,在魔都上海的一个办公空间里,PM2.5 指数却永远低于 5。这里就是仲量联行(以下简称"JLL")上海办公室。

2017 年 12 月 12 日,仲量联行宣布,其上海办公室,经过国际 WELL 建筑研究院的严格测试和最终评估,通过对七大建筑性能(空气、水、光线、营养、健身、舒适性和精神层面)的评定,成为亚太地区首个、全球第三个荣获建筑标准™铂金认证的项目。JLL 因此成为亚太地区首家在创造最佳办公环境方面获得最权威机构顶级认证的公司。

国际 WELL 建筑研究院主席兼首席执行官 Rick Fedrizzi 表示:"通过这个项目,仲量联行成功履行了其'成就愿景'的品牌承诺。在对其办公场所的改进中,通过将员工的健康和福祉置于战略决策的中心,这充分体现了他们在推进健康建筑实践方面的领先地位。"

没有前台和固定工位的办公空间

作为一家来自英国有两百多年历史的老牌企业,仲量联行有着与生俱来的英国式严谨,即便是在 39 摄氏度的高温中,员工都会将领带、袖扣这些细节表现得一丝不苟,来传递绅士们对专业的坚持与理解。但仲量联行在上海启动的新办公室则彻底颠覆了人们这一传统印象。

启用一年多的仲量联行上海办公室,让很多去过的人都会产生"我是不是走错地方"的错觉,因为那里明明就像是一家设计事务所或者有着非常棒品位的酒吧。"年轻,好玩",是很多人对这个新空间的评价。

仲量联行上海办公室以"健康愉悦"为首要设计理念,采用了最前卫的联合办公(coworking)概念,鼓励协作、分享、共赢,增强开放性和创造性,处处践行了"未来办公"这一先进理念。

一进入仲量联行上海办公室,就能明显感觉到这里对健康愉悦的关注。设计师摒弃了传统前台的做法,借鉴酒店 Concierge 的思维,将一张简洁的原木长桌摆放在办公室入口的开放空间作为接待区。空间打开后,更加能促进人与人的连接和沟通,有助于创造办公室里的社交氛围。

灵活的空间是贯穿整个办公空间设计的主题,好处在于它可以满足不同活动类型的工作方式,让人们可以根据办公场所中活动的多样性,来选择相应的工作地点和配置。认同人们的不同工作方式是激发工作效率和潜力的重要基石。员工可以在极光咖啡馆、分组讨论区、单人工作区、电话间或工作台位进行工作或会议。这样的灵活性给了员工更多的选择,也更加有利于团队协作、提高工作效率和人员参与度。

办公室平面布局的灵感来源于上海高度连接的街道路网。这使员工可以在办公室里方便地走动,互相交流。将上海地图提炼成抽象、简洁的线条,做在玻璃门及空间分割体上,以提升对本地文化的认同感。办公室的很多区域也巧妙地展示了代表仲量联行办公场所文化的标语。物理空间的设计原则与一个机构的核心文化价值观相一致的话,这样的空间能够对员工的情绪和士气产生积极正面的影响。

办公室所有的员工都没有固定工位,包括高级管理人员。这样大家每天都可以自由选择喜欢的地方进行工作。为了减少久坐并增加体力活动,30%的工位配有高度可调节的办公桌,而这些也成为最受员工欢迎的工位。

公司还推出了"洁净桌面政策"来鼓励保持办公整洁、灵活性和连接性。员工在每天离开办公室前需要清理工位上的所有个人物品,将个人物品放在为每个员工配备的储物柜中。储物柜可通过智能手机控制开关。

新的办公方式还带来了一个意外的收获。由于员工没有固定工位来存放大量文档,而每天从储物柜将文档拿进拿出又不够方便,因此纸质打印的数量得到了大幅减少,进一步促进了环保理念的实践。

通过设定足够的照度阈值和在室内空间及空间与空间之间平衡亮度,为视敏度提供支持。"15 分钟房间"在员工中受到了极大的欢迎。房间里没有座位,使用 15 分钟后灯光会自动关闭。这样能够减少久坐并提高开会效率。

寸土寸金的健身房

多数现代办公人群由于久坐办公,身体活跃程度比较低。而缺乏运动是影响当今人类健康的最主要原因之一。WELL 建筑标准鼓励项目提供可用于锻炼的空间和器械,因此设计师建议设置一个小型健身房。但起初 JLL 对此仍有些许顾虑,毕竟办公室位于上海的核心商业区,租金昂贵,专门开设空间来做健身房,员工是否会频繁使用等。而最终所有这些顾虑都被消除,建成后,健身房成为员工在工作之余最受欢迎的去处。

为了在保持空间使用效率的同时提供高质量的训练设施,设计师提前对员工愿意使用的训练器械进行了问卷调研,受到了诸多来自热爱健身的员工们提供的建设性建议。这使员工能够通过为数不多的器械,提供心肺功能训练和覆盖全身大肌群的力量训练。在设计健身房时,考虑到架空地板的承重能力,项目组对所选器械参数进行了细致的分析来确保承重在安全范围内。更衣室与淋浴间也紧邻健身房,这样员工训练后能方便地更衣沐浴,避免身着运动装、满身汗水地穿过办公区。

很多缺乏健身经验的员工并不了解如何使用这些器材。为了鼓励大家参与运动并形成长期的良好生活方式,JLL 还聘请了专业的教练,每天为员工提供专业健身课程。健身课在员工中非常受欢迎,以至于大家需要提前一周预约课程。

亲近自然的生态景观设置

置身于自然的视野和景象中有助于缩短治疗和康复的时间,促进积极正面的情绪产生并减少消极情绪。这对处于快节奏工作环境中的员工精神健康至关重要。设计师将旧木头进行简单的打磨处理后,用作地板和各种家具饰面,创造出了一种在美丽的森林中漫步的感觉。位于室内楼梯侧面、贯穿两层楼面的生态墙,不但给办公室带来了绿意盎然的生态景观,更是吸引到员工频繁地使用楼梯,增强了大家每天的运动量。360度开放的鱼缸是员工和访客经常驻足观赏的一景,经过巧妙的设计,鱼儿看上去好似在空中自由地翱翔,令人赏心悦目。

大量的化学品和不当的清洁方法可能会损害室内空气质量。清洁用品中的有害成分可能会刺激眼、鼻、喉和皮肤,并向室内环境排放挥发性有机化合物,进而可能引发包括病态建筑综合征(SBS)在内的其他健康影响。大楼为所有租户指定了同一家清洁公司,而清洁公司标准服务中的清洁方式并不能符合 WELL 的标准要求。项目组与清洁公司举行了多次会议,来调整清洁方案及合同条款,使他们有一致的目标。

空气冲洗可以降低 VOC,保持空气洁净和二氧化碳浓度符合 WELL 标准要求对于员工健康和工作效率来说至关重要,尤其是在会议室这样的高人员密度区域。大楼原系统已有二氧化碳浓度传感器来调节新风量。JLL还是决定在办公区域额外安装一些二氧化碳浓度传感器,作为第二道保险。当室内二氧化碳浓度超标时,系统会自动发送警示。由于满足了 WELL 铂金级认证对空气的要求,会议室卓越的空气质量能让人健康、警醒。

重新定义未来工作方式

2017 年 4 月 28 日,在房地产服务和投资领域有着百年服务历史的仲量联行推出了"未来工作方式"框架体系,阐明了仲量联行对变化中的办公环境及其对下一代企业不动产影响的认识。与此同时,还发布了《2020 年办公楼市场展望》的系列报告。在对 12 个国家的 7 000 多名企业员工进行办公环境、现状与预期的调查后,该份报告深入解析亚太区未来几年里办公楼市场的格局,并倡导企业主动充分迎接办公楼市场格局的变革。

在这份报告中,JLL 指出:办公场所远远不只是一处物业。它其实更是一处生活环境,一处能为个人与企业打造生活和工作更好融合的综合体验的社区。而在办公环境中是否获得难忘的“体验”将成为每个员工评价与区别不同企业的重要指标。

JLL对“人性化体验”的定义是：“人性化体验”是企业员工对企业除实体工作环境以外的印象，它可以提高员工的参与感、授权感和成就感。“人性化体验”模型通过三大核心因素，即参与感、授权感和成就感来解析员工体验。这三大因素也是增强“人性化体验”的核心因素；“人性化体验”模型可助力企业通过不动产创建最佳的用户体验，从而为企业的员工、客户、同事、访客、股东和企业品牌创造价值。

在这份报告中，针对中国的办公方式做了详尽的数据说明：中国绝大部分（81%）员工是在（私密或共享的）封闭式办公室中工作，其余的企业员工（19%）是在开放式办公空间中工作。中国每一处开放式办公空间平均员工数为：32人，全球平均数值则为45人。在报告最后，JLL针对未来办公提升人性化体验层面给出了三个结论性的建议：①将员工的参与感放到首位；②授权感的增强有助于推动变革；③成就感也是一种新的幸福感。

与此同时，仲量联行不光是在做调研和倡导，上海新办公室在2017年春季正式启用，这个从选址到装修，全部由内部团队搞定的新办公室，标志着仲量联行对未来办公空间与人居关系的一次实践和标准设立的尝试。如果说仲量联行在最初进入中国的时候，给地产服务行业带来了标准，那么现在的仲量联行则是希望可以在空间变革上，设立自己的标准。这个梦想的实现，他们是从自己的办公空间开始做起的。

仲量联行亚太区首席执行官顾东尼（Anthony Couse）表示：“我们深知言行一致的重要性。我们上海分公司新的办公空间就是这一理念的最佳体现。对于我们而言，中国是一个激动人心的高增长市场。因此，我们认为，中国是我们开启在亚太地区‘未来工作方式’之旅的最佳地点。我们的宗旨是创建智能、灵活和富于协作的工作场所。在这里，我们的员工和客户都能实现他们的梦想。”

高管访谈

访谈对象：**吴允燊**　仲量联行上海及华东区董事总经理

编委会：作为空间的使用者，员工的体验感如何？

吴允燊：为了创造一个愉悦的空间体验给员工及客户，我们从"人的五感"为出发点，创新地推出了仲量联行的专属香氛，这款命名为"JLL No. 6"的专属香氛由仲量联行亚太区高层及上海办公室全体员工共同投票选出，并在上海办公室的公共空间全面覆盖使用，不仅从嗅觉上为员工带来另一种新的感官体验，更是让我们的客户真切感受到房地产不再是一个"冷冰冰"的传统行业。根据公司最新的员工调查，84%的员工对公司新的办公空间感到非常满意；与此同时，92%的员工表示了他们对于这间办公室的自豪感，并非常乐意与客户和朋友介绍分享。2018年第一季度上海分公司员工病假天数较2017年同比下降近20%。我们非常欣喜地看到，一个健康乐活的办公空间给我们的员工带来了最切身的健康利益。

编委会：新的办公空间改造是否会给企业增加成本开支，您能结合贵司上海办公空间的例子，分享一下吗？

吴允燊：从我们新的办公空间运营一年的情况来看，对企业是减负的。新办公室的建筑面积比原办公室增加了25.8%，但公司电费用量却同比下降了41%，而这正是得益于我们采用了智能环保的设备，比如感应节能的灯光系统。另外，无固定工位的办公模式也使得每位员工在下班后必须把当天使用的工位清理干净，这无形中会迫使大家减少对于纸质文件的依赖，尽可能地使用无纸化办公，真正做到节能环保人人力行。以2017年第3季度为例,办公室 A4 打印纸的使用量同比下降了 38%。新办公室还拥有大面积的公共空间,非常方便举办各种类型活动,包括研讨会、工作坊、团建等等。去年,在我们公司所举办的活动中,近 1/3 的活动场地就选址在办公室举办,大幅度降低了外租场地的开销成本。

(本文采写:刘磊　程玮)

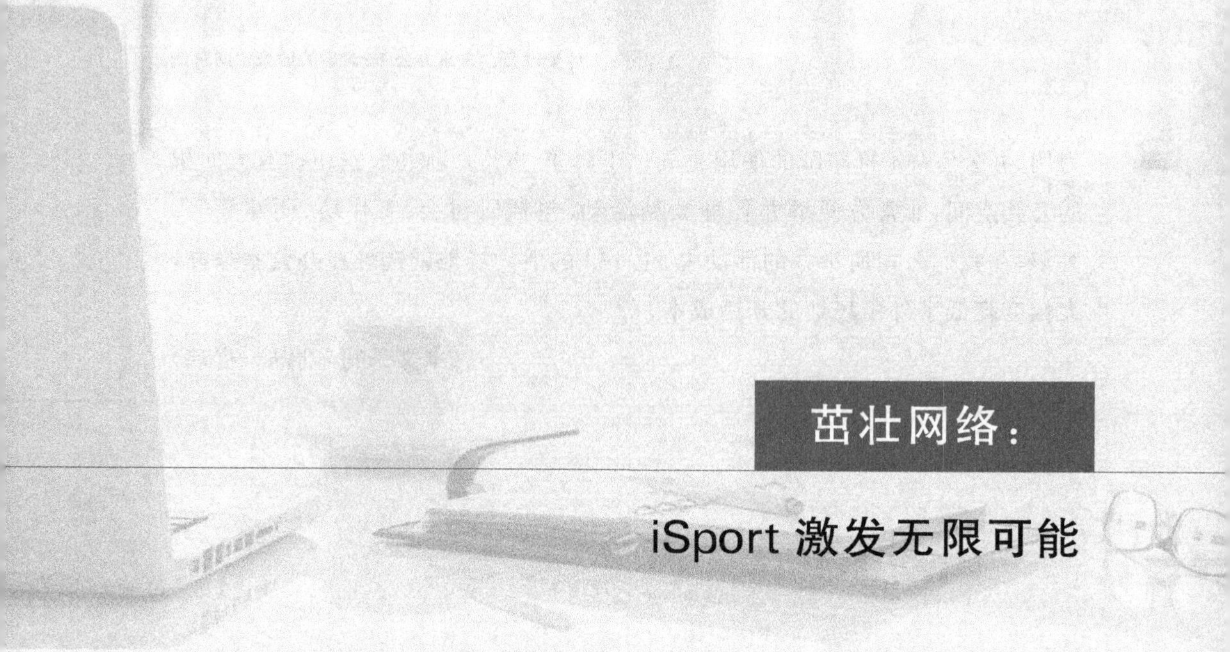

茁壮网络：

iSport 激发无限可能

公司简介

"专注大数据云计算—云多平台"，深圳市茁壮网络股份有限公司（简称"茁壮网络/iPanel"）创立于 2000 年，是专业的网络运营平台服务商，为国家广播电视总局智能电视操作系统 TVOS 核心成员单位。

公司总部位于深圳，在北京、广州、武汉、杭州、重庆等 30 多个城市设立了 40 个分支机构。公司管理团队对电视增值业务有着丰富经验和深刻理解，现有员工近 600 人，85％从事技术工作，99％具备大学以上学历，平均年龄 29 岁。

iPanel 始终专注数字电视发展，产品方案已成为广电网络运营商主流增值业务平台，规模商用于国内外超过 200 家电视运营商，包括广电网络运营商（北京歌华、重庆有线、湖南电广传媒、华数传媒、陕西广电等）、电信 IPTV 运营商（中国电信、中国联通、香港电讯、香港宽频等），覆盖电视终端近 2 亿。

"连接各行各业的家庭场景"是 iPanel 发展家庭互联网的愿景。内容资源通过运营商平台及网络到达电视用户的全过程中，iPanel 聚合云内容，通过云计算技术为运营商提供各类业务核心服务、接入控制服务，通过电视、手机、Pad 等终端产品提供终端业务适配承载服务；积极构建智能家居网络系统，面向家居智能化设备提供连接服务、云计算服务、云数据服务等互联网业务，让家居设备联网互通，为亿万家庭提供优质视频和连接体验。

18 年来，iPanel 以发展行业的心态发展企业，以开放式的原则与 IBM、思科、华为、腾讯、长虹、创维、TCL、科大讯飞、爱奇艺等数百家产业链厂商建立了紧密的合作伙伴关系。公司也是国家规划布局内重点软件企业、国家高新技术企业、深圳市重点文化企业、深圳知名品牌、深圳市博士后创新实践基地。

最佳实践

2018 年 7 月 27 日,是 iSport 上线三周年的日子。

茁壮网络的深圳办公室里,人力资源部的小李从运动数据后台导出了公司员工近三年的运动记录:

时间	总里程	参与人次
2015.7.27－2016.7.27	95 891.17km	18 418人次
2016.7.27－2017.7.27	183 721.76km	29 943人次
2017.7.27－2018.7.27	270 068.92km	43 972人次

员工三年运动总里程连起来高达 549 681.85 km,可绕地球 13 圈,有 92 333 人次参与其中,用脚步丈量了 27 座城市。运动得积分,积分还能换礼品,iSport 上线累计兑换量 8 000 件,人均兑换量 15 件。

同时伴随着 iSport 的上线和良性运转,公司里也发生了各种各样的"怪"事:

城市距离,"怪"遥远的

iSport 的各种运动赛事发起地都在深圳总部,但无论是深圳磨房百公里、乐行家 30 公里徒步,还是深圳国际马拉松、壹基金为爱同行 55km……iPanel 在北京、武汉、上海、大连、南京、南昌等全国各地 37 个办事处的小伙伴都会选择自发策划路线,在当地组队同时参与运动,响应活动赛事。异地同走,别有一番滋味。

家属参与，"怪"奇葩的

由苗壮网络创办的乐行家 30km 徒步活动，每年 11 月定期举办。除了员工本人参加外，公司也鼓励员工带上自己的"家属"一起运动。你瞧：

2015 年，员工小军带着他的两条泰迪犬一起参与徒步。最后泰迪走不动了，小军抱着两只小狗负重走到了终点。

2016 年，员工阿晴带着年龄只有 6 岁的儿子参加活动，还完成了全程。员工亮哥一家三口穿着公司为其订制的 iPanel 橙色运动衫，全程三人手牵手地走。

2017 年，在一线出差的小伙伴阿东邀请了客户一起徒步。听说，他们走完了 30km，公司还谈成了一单生意。

乐行者们，"怪"拼命的

在徒步的活动中，有的人挑战深夜通宵的泥泞路，一路高歌为伙伴壮胆；有的人被小伙伴搀扶着挪到终点，他手臂上的贴纸说明了一切"跪着也要走完"……男生 Get 了用 M 巾当鞋垫的新技能，女生将脚上的水泡挤破了也坚持走到了终点……

苗壮人，"怪"温暖的

"我们团队是四个人一起走，他们三个其实体力还不错，但我走到一半就不行了，当我准备放弃的时候，没想到他们三个人默契般放慢了脚步，陪着我一点一点地走到了终点。"

"快到终点的时候我腿抽筋了，同行的女生竟然没有嫌弃我的汗臭脚，还帮我按摩来着……"

"山上那段路在深夜特别黑，没有路灯，本来我还挺害怕的，但一路有同行小伙伴说说笑笑一起唱歌，突然觉得眼前的路都被照亮了。"

这些都是来自茁壮大家庭中的员工的肺腑之言。

员工健康管理体系——iSport 运动积分系统

iSport 项目是由茁壮网络针对员工健康管理，自主研发的运动积分系统。员工可以在日常生活中以自主运动或者参加赛事方式上传自己的运动数据，赢得奖励积分，然后利用运动得到的积分换取自己有用的礼品，礼品与锻炼、保险、教育、饮食四个方面相关，以这样的激励方式调动员工参与运动锻炼的积极性，提高身体的健康指数。

但是，iSport 系统不只是上传运动得积分这么简单，整个系统还设置了多元化模块和运动方式供员工进行选择。

◆积分乐趣：运动得到的积分可以兑换不同的礼品，基本和运动/健康产品相关，同时保持每个季度更新一次礼品的频率。

◆亲情关怀：除了自己兑换礼品，还可以帮家人免费兑换保险或体检福利。

◆事件营销：每逢节假日，设置不同运动奖励方案，譬如鸡年，部门一起合作走出一只小鸡的形状，还有部门走出了一首藏头诗。

◆集体荣光：将运动数据做成排行榜，并设置单独的团队奖，鼓励团队一起运动，增加团队之间的荣誉感。

◆年度达人：每年评选出年度达人作为标杆人物在公司年会上进行奖励，激励更多小伙伴去运动。

◆异地跑马：2017 年起，对每年 iSport 跑步里程达到一定数量的员工，公司提供异地马拉松往返路费、住宿费、赛事报名费报销的福利，还有额外的 iSport 积分奖励。截至 2018 年初，茁壮人分别参加了北京、湖北、上海、石家庄、杭州、兰州、无锡等城市的马拉松赛事，均获得了公司报销福利。

◆团队赛事:公司每年会定期组织员工参与深圳磨房百公里、壹基金为
爱同行 55 公里、深圳国际马拉松等当地的运动赛事,还自创运动文化
品牌"乐行家 30 公里徒步活动"且延续至今已经是第四届。

iSport 运动积分系统的诞生,源自于苗壮网络副总经理冯苑的初心:"我
们希望在公司内部营造一种运动文化氛围,让员工爱上运动。希望员工在
薪资待遇和能力经验苗壮成长的同时,不要让体重也苗壮成长。"

近年来,员工的健康状态频亮红灯,公司以 IT 研发员工为主,大家的体
重逐年增长,但行动上却找各种借口没空运动,没动力减肥。同时人力资源
部门也发现公司请病假的人数逐年增多,员工年度体检的指标每年都走下
坡路,大家对参与公司活动的热情也逐渐降低,团队失去了曾经的活力和积
极向上的氛围。

在这样急迫的现状下,冯苑提议的 iSport 项目应运而生。

2014 年,公司先制定了一套管理团队运动目标方案,小范围地让管理人
员先行动起来。公司中层以上的管理人员均要参加,不以现金形式作为奖
励,每个参与人有一个运动账户,每周完成目标,可获得一定额度奖励金,奖
励金可以兑换健康类的物品——这也是 iSport 早期的雏形。最开始,不少
管理人员都不太喜欢运动,于是冯苑带头影响,每周邀约不同同事一起运
动,让他们养成习惯,发现运动的好处。慢慢地,这些管理人员从不喜欢运
动,到主动说:"要不,今晚吃完饭我们去走两圈?"

团队的力量是巨大的,在冯苑的带头下,更多的管理团队成员也参与其
中,并鼓励下属开始运动。总经理徐佳宏在公司内部建立了跑步群,不仅自
己积极参加马拉松赛事,还在公司组织每月跑,经常在群内打卡并分享运动
技巧;营销部门的同事常年在外出差,领导也带头跑步,每天在部门内部跑
步打卡,让运动的正能量影响到更多的人。甚至连平时比较宅的研发同事,
也在各位研发总监的带领下,下班一起去旁边的仙湖植物园运动,一边聊天
一边运动,不知不觉中增进了团队之间的感情。

公司高层从上到下的积极推动,在公司内部的运动文化建立上起到了

至关重要的作用。

当管理团队体会到了运动的好处，时机到了，2015 年，iSport 项目开始在全公司范围内推广。在 iSportPC 端上线的首周，使用率就达到 70%，员工表示这样的运动激励系统很有意思。随着移动端系统的上线，员工得到了更好的体验，参与度也几乎达到了 100%。

iSport 有一个口号："只有为了你个人的健康负责，才有能力为你的家庭负责。"它将员工个人健康与家庭绑定在一起，同时很多运动项目的设置都可以让家属一同参与，大大增加了员工日常运动的动力，为培养员工良好的习惯奠定了坚实基础。

同时，公司为了保持 iSport 产品的新鲜感，不断地进行微创新的产品迭代，比如增加了连续运动奖励、生日惊喜兑换、限量礼品抢购、累计达标奖励、系统对接微信、团体运动奖励等功能，实物定制奖牌也应运而生。每年的"6.18"和"双十一"，和各大电商一样，iSport 也会有相应的促销活动。在iSport 上线周年纪念日，每位员工都会收到一封定制化邮件，是属于他们自己的运动大数据纪念。

企业文化——无处不在的"健康"渗透

在茁壮网络的办公区域内、楼梯走廊、咖啡屋、茶水间甚至洗手间都有健康主题的海报或者视频滚动播出，同时微信公众号也是一个很好的传播渠道。公司比较擅于选择健康传播的时机，通常会利用一些特殊的节假日或特殊事件跟大家做健康方面的宣传，比如爱牙日、程序员日、奥运会等等。日常还会不定期邀请专家、顾问来到公司给大家做健康分享和讲座，比如有口腔健康、日常保健、肩颈椎等专题。

对于某些岗位的员工会有考核 KPI 的要求，如果是管理岗位员工，会有健康管理指标。比如，会要求某个总监或者组长的团队运动达标率是多少。还比如，公司会针对个别体重超标的人员：如果你在一年或者半年内，通过运动把体重降到多少，可以给予相应奖励。

　　在运动氛围的影响下，公司员工自发成立了"乐动生活"跑马爱好者微信群，且团队在不断扩大。这个群里没有人力资源部门的组织，也没有上下级概念，更没有红包八卦和广告，就是一群热血苗壮跑马人的共享天地！他们每天都自觉在群里运动打卡，互相告知跑马赛事、分享自己的晨跑/跑马经验、不断鼓励与点赞同伴。瞧，公司副总经理付明伟刚在群里分享了一张图，原来是他自己制定的 2018 年下半年的运动目标和实践记录。上面写着"5 月底体重 76.5kg，计划通过晨跑运动，6 月底目标 70kg，实际称重70.6kg；7 月底目标 68kg，实际称重 70.7kg……"看到这里，终于明白了"不能控制体重，何以控制人生"这句话的含义；2017 年，员工谢新兵获得了公司"iSport 年度跑马达人"称号，是公司内部实现个人 PB 最好成绩的伙伴。

　　除此之外，还有更多小伙伴的跑马成绩都是从无到有：2014 年深圳马拉松＆盐田山地马拉松，5 人完成半马、1 人完成全马；2015 年深圳马拉松＆乐行家线上马拉松，61 人完成半马，8 人完成全马；2016 年深圳马拉松，100＋乐行者积极参与赛事；2017 全年共 30 余人次完成全马，60 余人次完成半马。2015—2017 年期间，完成壹基金为爱同行 55km 活动达 300 人次，自创运动文化品牌乐行家 30km 徒步达 700 人次……大家都在运动中不断实现自我 PB，苗壮人的运动战绩硕果累累。

高管访谈

访谈对象：**冯苑**　深圳市茁壮网络股份有限公司副总经理

编委会：iSport 是如何和公司的文化相结合的？

冯苑：我记得看过一篇关于某世界 500 强企业的报道，其中一句话让我印象深刻，企业在员工健康管理上每投入 1 元，企业收获的效益将增加 8 倍。所以我认为企业的文化一定不是务虚的，一定要服务于公司业务，而 iSport 项目的施行，也正验证了这一点，在公司树立了一个积极向上、充满运动激情和坚持不懈、茁壮成长的文化氛围。iSport 只是个载体，但是我们在设计这款产品的时候，都是走心的，紧密地和公司文化相结合。因为我们痛过，我们感受到了问题的严重性，同时我们也时刻保持着清醒的头脑，产品需要持续运营和迭代才有生命力，所以我们一直也在为 iSport 的创新再接再厉，希望让这样的运动文化、健康文化可以在公司内长青。

同时，也想善意地提醒如果其他公司想要借鉴 iSport，建议不要直接套用，因为不同的公司不同的文化和行业、发展阶段，可能有很多不一样的地方。一定要根据自己企业的实际情况具体分析，从心出发。

编委会：可以具体谈谈 iSport 为公司带来的组织效能吗？

冯苑：这主要可以从内部和外部两个方面来探讨。从内部来看，员工的病假时长降低非常明显，管理团队平均体重下降，年度体检异常比例下降。根据茁壮网络的公司年度体检报告数据显示，2018 年员工超重人数比 2017 年超重人数降低了 10% 左右。管理团队中的一位市场营销总经理参与 iSport 三年内，坚持每天晨跑，共减重 26.9 公斤；研发部门的一位总监体重也下降了 10 公斤，身材变得更加标准，家庭关系也更和谐了。因为 iSport，公司小伙伴的精气神越来越好，大家也更愿意在工作时间以外一起交流。我们是同事，更是朋友。有的管理人员甚至因为 iSport 提升了管理能力，因为多了一条与员工沟通感情的新渠道；从外部来看，因为 iSport，更多客户能认识和了解我们，和我们一起运动，一起奋斗。因为 iSport，茁壮网络的雇主品牌得到了进一步提升，虽然我们在行业内属于幕后的耕耘人，但大家听到茁壮网络，都会想起"噢，他们是个有趣的企业"。

（本文采写：刘静）

佳能：

渗透在激情文化中的健康管理

公司简介

　　到 2017 年,佳能(中国)有限公司(以下简称佳能(中国))已经二十岁了,这 20 年来保持快速发展,已经逐渐成为佳能集团业务增长的重要引擎。

　　1937 年成立的佳能,在 20 世纪 80 年代末,最先进入中国的就是生产工厂,随后于 1997 年 3 月成立佳能(中国)有限公司。经过 40 年的发展,佳能在中国已经形成了从研发、生产、销售、服务到回收再利用的全产业链的企业集团,完成了辐射全国的战略布局。截止 2018 年 6 月 30 日,佳能(中国)中日方合计约 1600 人,拥有 6 大区域总部 30 个分支机构。

　　佳能始终保持着创业以来的企业 DNA,即"以人为本""技术至上""顽强进取"的精神,这样的 DNA 渗透企业的每个角落,让佳能始终不断向前、为社会提供新的价值。其中,实力主义、健康第一主义等以人为本的姿态,是佳能持续发展的支撑点,这样的企业 DNA 在佳能(中国)的企业健康管理中统领全局,起着重要作用。

最佳实践

下午两点半，正在电脑前工作的佳能（中国）的员工，突然被电脑上弹出的视频"踢"出了工作状态，视频里，CEO 小泽秀树先生，头戴红色的帽子，脖子上挂着一条红围巾，两手舞动着红色花球，正随着韵律十足的音乐跳着牛仔舞。接着舞动出场的，是佳能（中国）各个部门的主管……楼层广播把音乐传播至整个楼面，前一秒还严肃的工作场景，瞬间变成了运动场，员工纷纷离开自己的座位，跟着小泽社长的舞步跳动起来，除了跟着视频跳舞，也可以站在窗边远眺一下窗外的风景，或者伸伸胳膊踢踢腿，活动一下筋骨……

两三分钟的样子，音乐停了，办公室又归于平静，工作继续。

像这样的"强制中断工作"，在佳能（中国）每天下午的两点半准时上演，是佳能（中国）健康管理的一个小活动，叫做"Flash mob"。

作为企业的 CEO，小泽秀树先生是公司内部健康管理第一人，为公司里一个小小的健康活动拿起花球跳起舞，瞬间颠覆了严肃的日企老板形象，也足以说明健康在佳能（中国）的重要地位。多年来，佳能（中国）一直秉持着这种对员工健康足够重视的态度，做了一系列健康管理实践活动。

Flash mob 健康快闪活动

"Flash mob"，是佳能（中国）一个健康管理项目，目的是提醒员工保持工作中的适当运动，注重自身健康。这个很酷的"强制休息、激发运动"手段，成为佳能（中国）每日必行的健康项目，在佳能亚洲全面推行。

"Flash mob"是个很"high"的健康项目，佳能（中国）每个区域每月轮值，进行 video 的制作，从音乐、舞蹈编排、视频剪辑，全由佳能（中国）员工自己DIY。员工、管理人员参与创意、演示，把原本枯燥的健康说教，变得新鲜也更有公司特色。

每月的 video 作品完成后，技术部门就会把它上传到公司内网，供大家下载，之后每天两点半准时在员工的电脑上强制弹出。不愿下载视频也没问题，楼面上随处都有的广播，会把动感的音乐传遍每个角落，即使最不想动的员工，在这 2～3 分钟里，也会动起来。

这个项目已经持续了几年，通过定时提醒和集体行动，现在，佳能（中国）的员工基本上已经习惯了"工作中适当休息、适度运动"，只要音乐响起，都会主动停下手边的工作，参与到这个"集体休息"中。

最重要的是，这个项目的运作是全员参与其中，运作过程本身就是一个强化员工"健康意识"的过程。它不是一个按时开始的"广播体操"，而更像是一个佳能（中国）集体创作的健康秀。

100%到检的全员 VIP 体检

如何更有效、更有预防价值，并且过程舒服，是佳能（中国）在每年的体检项目上必做的健康课题。

多年以来，佳能（中国）在体检项目上的要求是：到检率 100%。除了个别原因（如孕妇）不能参与体检的，其他员工都要 100%到检。

设定这个"刚性指标"，一方面，是因为体检是疾病预防的第一步，佳能（中国）认为员工应该对自身健康状况有良好认知，有更高的预防意识，学会用体检去规避身体健康风险，而公司也因此更清楚员工的健康状态，在需要时施以援手；另一方面，则是因为佳能（中国）认为，连自己的健康都管理不好，怎么能管好工作？

而这个"刚性目标"的达成，则是渗透到每一级的管理当中，先是邮件催促、管理例会提醒，最后是人盯人战术，直到每一个人都参与了体检，确保 100%的目标不会 miss。

100%到检是强制性，但体检的过程，佳能（中国）确保了员工的选择自由，也极力做到让每位员工更舒服地完成每次体检。

佳能（中国）上海人事负责人荣奕文女士介绍说，"佳能（中国）在体检方面，做得比较仔细，第一是检查的种类比较丰富，第二是每年进行项目调整，第三是设置检查可选项。"

佳能（中国）每年导入不同的体检机构。选择体检机构时，HR部门会进行几次亲测探访，看看内部的环境、检测设备、服务、早餐内容等，让员工每年体检有不同体验。在体检项目上，也会根据上一年的体检结果以及员工调研结果每年会变更。针对往年的检查结果加以分析，在第二年的体检项目中，就会加大这方面检查，也会加入CT，或是癌症检测筛查，帮助员工尽早发现问题，更好规避潜在风险。

佳能（中国）往往会给每个员工配备尽可能多、齐全的应检项目，这些检查项目是菜单式的，员工自由选择，可以选择哪些不做，也可以选择增加哪些检查。

体检最让人头疼的"起大早、每项检查排长队、隐私保护差"等困扰，佳能（中国）员工却没有。为了让每一个员工有舒服的体检过程，佳能（中国）为每个员工提供VIP级别体检，可以自由预约时间，走VIP通道，免去员工体检过程中的种种尴尬。

佳能（中国）这些年的健康管理过程中，对体检项目都是投入大、操作细，始终坚持体检不仅仅是一个机械设备的身体检测过程，更是佳能对员工身体健康的诚挚关怀。

职业安全与健康认证

佳能（中国）坚持进行职业健康安全管理体系OHSAS 18001（Occupational Health and Safety Assessment Series 18001）认证，自成立以来，每年一次监督审核，三年一次换证更新审核，从未间断过。

而且认证是需要佳能（中国）每一个员工对这些安全、健康常识都了解、遵守、懂得防护，每个新员工入职培训，首先就要接受这些安全、健康方面的知识教育，并且在之后的工作中，也要不断被强调。久而久之，佳能（中国）

全员在健康和安全方面的意识都会比较强，比如餐厅是不是达到标准、微波炉是否会有烫伤提示标示、冰箱是否保持清洁、洗洁精是否达到国家标准、插座是否有 3C 认证、仓库堆放高度是否安全合规等等，这些易被忽视的安全健康小细节，都制度化、规则化地解决了。

"轻松一刻"沟通机制

在佳能（中国）的健康管理中，除了对身体健康的关注，员工心理健康也被放在同等重要的位置。

员工有烦恼时，佳能（中国）的员工通过公司提供的免费心理咨询（EAP）去解决，包括他们的家人，有任何的问题，都可以接受免费服务。

而日常职场中的小情绪、小怨气，还没发展为心理健康问题，但不加以疏导可能会变成大麻烦，这样的"舒缓情绪"心理健康需求，佳能（中国）上海通过在内部实施的"轻松一刻"项目来解决。

"轻松一刻"其实是一个沟通机制，主要目的是给员工提供倾诉通道、帮助舒缓情绪。由 HR 部门 6 位员工作为沟通担当，负责与有问题、需要沟通的员工交流，采用非正式谈话的方式进行。往往这些担当更多是和员工闲聊，或者 5 分钟，或者一下午，不固定地点，茶水间、公园里，只要便于员工倾诉就可以。

公司任何员工、任何问题需要找人沟通，都可以找这 6 位担当，而这 6 位担当，也负有主动发现"问题"的责任，主动找到需要"舒缓情绪"的员工，通过沟通学会倾听。

通过"轻松一刻"这个看不见的"沟通网络"，类似工作压力、情绪管理、上下级矛盾、调岗心思等员工心理问题，都会被收集到，这在佳能（中国）上海也运作得非常成功。

健康第一的健康战略

佳能（中国）的一系列健康实践，之所以能做得细致而有成效，完全是得益于佳能(中国)始终坚持的"健康第一"管理战略。

先来看看佳能(中国)是怎么看待健康这件事：

(1) 疾病和灾难往往在人疏于察觉的时候到来！

(2) 健康不是空气，不能当作理所当然！

(3) 健康管理的责任不能推给他人，自己的健康要由自己负责！

(4) 每天以热情的态度和挑战的精神来努力生活、努力工作。尽人事而知天命！

(5) 健康胜于地位、财产、名誉，没有什么比它更珍贵。失去健康后再醒悟则为时已晚！

(6) 凡事确应努力，但切勿过分勉强自己！

(7) 无恙即是名马。无论多有才能多么优秀的人，失去健康就无法长久工作！

(8) 适宜的饮食，充足的睡眠，健康的肠胃，适度地运动！

(9) 每天每时保持积极、开朗、向上的人生态度！

(10) 不要忘记面带微笑，大笑，Big Smile！

这是佳能(中国)制定的《十大健康准则》，字里行间，都是健康大于一切的价值观。这样看来，CEO 亲自出马跳个健康示范舞真的就不算什么奇事了。

其实，"健康第一"是佳能全球一直以来的员工工作重心，佳能(中国)从1997 年成立伊始，就继承了这个优秀的传统，直到今天，都一直在坚持这个核心。

2018 年，随着健康越来越被社会、个人所重视，佳能(中国)再次重提这个核心理念，并将"健康第一"上升到企业战略的层面，去统领整个企业健康管理的发展，同时也帮助企业良性发展。

在"健康第一"的企业健康战略引领下，佳能(中国)逐渐形成了一套完整的健康管理体系，涵盖到健康文化、健康与安全管理、预防与保健、健康知识普及与宣传等四大项、十几个子项的员工健康管理实践，而且通过"特别佳能特色"的文化加持，进行得有声有色。

随处渗透的健康文化

如果说把"健康第一"提升到战略层面，让健康管理在佳能（中国）成果丰硕，那么，从企业文化中衍生出来的健康文化，则为这种战略的落地营造了良好的氛围，成为战略实施的有力武器。

在这家强调激情（Passion）的销售型公司里，健康被确认为最基本的素养。

佳能（中国）的健康文化，其实是公司原始基因的一部分，渗透在公司文化、部门活动、人员晋升等各个方面，如空气和水一样，不可见，但永远存在。

比如，佳能（中国）著名的红色激情，提倡每个人都时刻饱有激情，就渗透着健康的理念。这是佳能（中国）的一个传统，每一个新员工入职，女性会收到红丝巾，男性会收到红领带，重要的场合，员工都要配带这些代表激情的元素。而每个周一，都被命名为"周一激情日"，员工进入公司，身上必须要有一个红色元素，融入公司的"红色激情"之中，提醒员工又一周开始了，要打起精神，告别周日的闲散，回到神采奕奕的上班状态。

再比如每天早上半小时的"你好活动"，提倡社交健康、微笑意识。每个部门派代表拿着"大笑"的手牌，到各楼层去给其他部门的同事 say hello，介绍自己部门的新进展、新产品，熟悉其他部门的人。这样的活动每天进行，让公司的氛围很轻松，而每一个"你好"、每一个大笑，也提醒员工们，要友善对待同事，要保持笑容，无形中就形成了一个健康的工作环境，引导员工每天保持好心情。

而对于佳能（中国）的管理者来说，公司员工必须是双健康的，即身体健康、心理健康。正如 CEO 小泽秀树曾说过，"一个人如果连自己的健康都管不好，那是没有办法管理好一家公司的。"所以，佳能（中国）的人才素质模型里，健康管理占有一定比重，没有好的健康，在佳能（中国）可能就意味着没有好的晋升通道。

而作为佳能（中国）的一个管理者，除了对自己健康负责之外，还必须对自己员工的健康负责。管理健康，是一个佳能（中国）部门领导的责任。所以，在佳能（中国）的健康管理中，落实的部门是 HR 部门，但实际上，真正管理、实施健康管理的人，是所有的管理者，这在佳能（中国）是种义务，管理人员，不仅仅管理他的业务达成目标，还管理部门员工的身体健康、心理健康，这都是有义务的。

当健康文化渗透到一个公司的日常行为和管理之中，健康管理似乎不再是个特殊的主题，也变成了日常，因为它时时都在。

高管访谈

访谈对象：荣奕文　佳能(中国)有限公司华东区域人力资源副总经理

编委会：佳能是基于什么考虑开始推行健康管理的？践行中是如何不断优化健康管理路径的？

荣奕文："健康第一"是整个佳能集团的经营理念。在各项活动推行中坚持以人为本,不断通过总结讨论来优化健康管理。

编委会：佳能在迄今为止的企业健康管理中,遇到的最大难点是什么？是如何化解的？

荣奕文：要通过不断的宣传,让大家理解健康管理的意义,让公司的每一个人在意识上理解健康管理的重要性。

编委会：健康项目一向众口难调,佳能是基于什么因素去评估、选择企业应该做什么健康管理项目的？

荣奕文：从社会的普遍认知,从员工关心的内容着手。比如体检项目的每年调整就是根据前一年的实际情况进行项目调整。

编委会：佳能创建的"flash mob"项目,灵感来自什么？效果如何？这样一个长期项目,在组织运作上有什么经验分享？

荣奕文：始终带有激情是佳能的企业文化,让大家在激情的音乐中舞动身体,既能提醒不要久坐,同时也可提高工作效率。

编委会：佳能怎么看待健康管理与企业雇主品牌、优秀人才间的关系？多年的健康管理，给佳能人才管理带来了怎样的价值？

荣奕文：优秀人员是有较强的自我管理能力，包括健康管理。员工认可企业文化，愿意和企业共成长。

编委会：佳能是个销售型公司，追求经济效益，而企业健康管理往往花费巨额成本，佳能如何看待两者之间的关系？

荣奕文：只有有了身心健康的人才，才能创造更多的价值。

（本文采写：段芳）

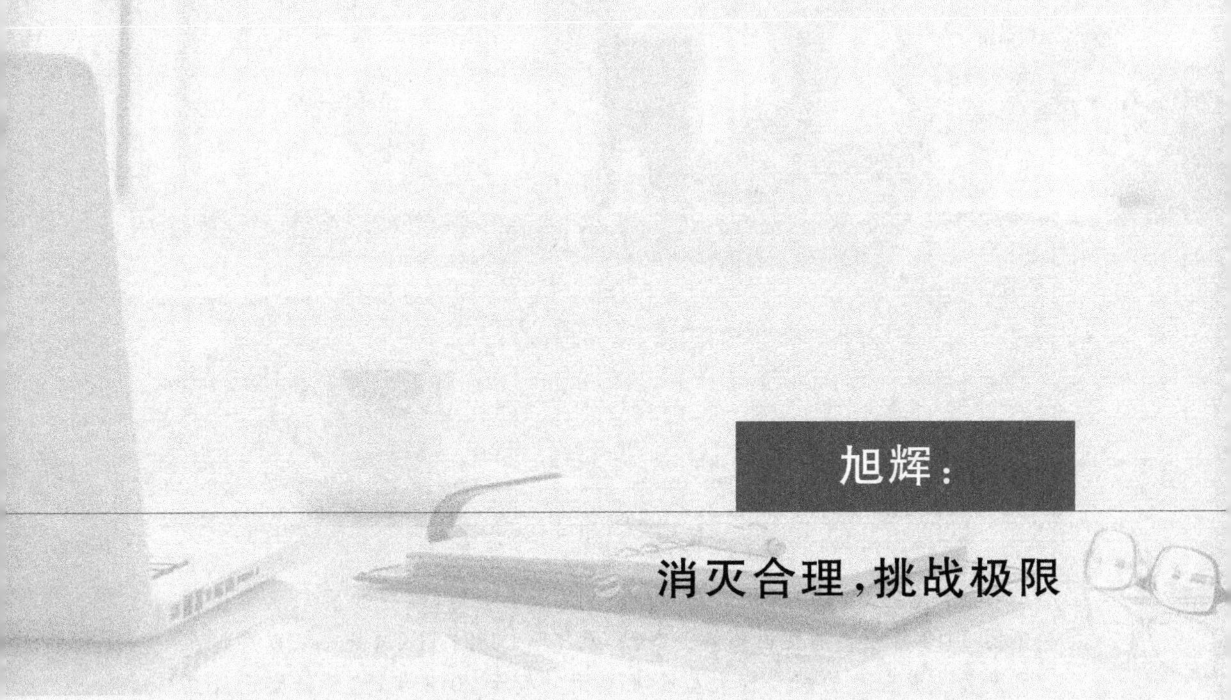

旭辉：

消灭合理，挑战极限

公司简介

旭辉控股(集团)有限公司 2000 年成立于上海,其控股股东旭辉控股集团 2012 年在香港主板整体上市(股票代码 00884.HK),是一家以房地产开发为主营业务的综合性大型企业集团。截至 2018 年,旭辉集团已成立18 年,复合增长率年均 53%,2017 年全年销售合同金额突破千亿元,跻身全国 TOP15。

2018 年,步入千亿行列的旭辉以全新的目标投入到了集团"二五战略"的发展中,以房地产为主航道,同时拓展"房地产+"及房地产金融化,以"一体两翼"的方式去实现新阶段下持续、稳定、有质量的增长。旭辉平均核心净利润率维持在 12% 以上,实现复合增长率 60% 以上的增长。

旭辉一直秉承"用心构筑美好生活"的使命,坚持以美好生活服务商及城市综合运营商的角色,在致力于推动社会进步,让城市生活更加美好,以专业匠心与人文情怀,坚持为每一位客户打造舒适、绿色、健康的生活体验,也为员工提供精神与物质的幸福生活。

最佳实践

2018 年 10 月 3 日,第五届旭辉集团"行者无疆杯"戈壁徒步挑战赛第四天。

4 点起床,戈壁的天还没有醒来,5 点不到,行者们已经踏上了征程。而这,正是行者们的任务——"夜行禁语"。大家需要保持静语状态夜行 8 公里,直至迎来朝阳,迎接新的挑战,达到心灵上的突破。茫茫黑暗中,伴随坚定前行的脚步,行者们倾听到更多的心灵声音,也为人生思考腾挪出更多空间。

历经了前三天的磨砺,行者们的身体愈发接近极限,却也愈发坚韧无畏;怀抱着对于目标终点的渴望,行者们继续前行,未曾怯步。

行者们顺着戈壁自然保护区前行,在保护区看见了戈壁的精灵,国家二级保护动物——黄羊!虽然没来得及摄下黄羊的身影,但这份惊喜像是来自戈壁的礼物,激励着行者们继续前行。

2018 年 9 月 29 日—10 月 4 日,4 天 3 夜,133 公里,33 支参赛队伍,363 名旭辉人再次踏上茫茫戈壁,身肩"既出发,必到达"的使命感,挑战极限,连续五届的戈壁徒步让每一名参与者于携手同行中感悟"胜则举杯相庆,败则拼死相救"的团队真谛。

重塑身心的戈壁徒步挑战赛

程民,作为第四届旭辉集团"行者无疆杯"戈壁徒步挑战赛上旭骁骑战队(上海旭辉队)的一员,曾经写了如下感言:

"一个人可以走得快,一群人可以走得很远。一群人可以走很远,可不可以也能走得快?可以的。徒步行走如此,管理企业也是如此。

在国庆期间结束的第四届旭辉集团"行者无疆杯"戈壁徒步挑战赛活动

中,我作为上海旭辉队的代表和其他 27 支队伍一起,参加了为期 4 天 128 公里的戈壁徒步。

途径黑戈壁、盐碱地、雅丹、沙漠等地貌,最重要的奖项不是冠军,而是能够在团队协作下全员完赛的'沙克尔顿奖'。在比赛期间,我观察了很多队伍,发现优秀的团队共同点几乎是一致的。以我们上海旭辉队为例,体能不算好(计时成绩仅仅排第六),最终为什么会拿到季军和'沙克尔顿奖'?我觉得,就是具备了成功团队的三个共同点。

第一是稳定。虽然我们从来没有一天能进入得分榜的前三,但每天得分都能保持在第四第五,从来没有大起大落。这样,团队对未来有稳定的预期,每天的估分也比较准确,大家的心气一直保持向上。就如同一个连续三年稳定增长 60% 以上的公司,跟另一个三年增长率分别是 100%、60%、20%的企业相比,前者当然更具有持续发展能力,也就更能得到市场和资本的青睐。

第二是智慧。我们虽然体能一般,但相对而言,分析协调能力还是过硬的。加分环节都根据自己的目标和其他竞争对手的情况,作出了最适合本队的选择。

第三是韧劲。上海旭辉队的平均级别有 7.2(中高层),但平均司龄只有 0.9 年。我们 12 个平均年龄 37 岁的人能一起坚持到底,第二天我们身体出现状况的人超过 50%,其实侧面说明了一线公司这两年选择中高级人才的共同标准——坚韧。戈壁不像跑马,马拉松是自己跟自己较劲,在戈壁如果你想放弃,还得想想另外 11 个兄弟失望的眼神……最后两天我们还是能够全员完赛,心中必胜的信念可能是支撑全队最重要的精神力量。

人不吃饭是活不成的,但没点精神,活着也就行尸走肉罢了。"

始于 2014 年的"行无止,心无疆"旭辉戈壁徒步挑战赛,旨在培养旭辉人"爱拼才会赢"的精神,沿着玄奘之路,展开与自我心灵的对话,感受"理想·拼搏·坚韧·超越"的真谛。

"在舒适区里,我们的潜能往往无法被挖掘。而在戈壁的环境中,我们会发现自己的无限潜力;我们的决心决定了我们在艰难路上的前行,一旦下定决心，我们会发现，巨大的精神力量将支撑我们抵达终点。"

"我们把戈壁作为团队活动的一个非常重要的载体。戈壁中的每一天都像我们在奋斗中的每一天，我们很认真地去对待每一天，很认真地去走每一步，用我们的每一步去为我们的梦想做每一天的拼搏。"

这是旭辉集团林中董事长和林峰总裁分别对戈壁徒步的理解，也是旭辉一直以来对于戈壁徒步和徒步精神的信念与坚持。

从 2014 年 2 天 1 夜、58 公里、12 支参赛队伍、92 人，到如今 4 天 3 夜、133 公里、33 支参赛队伍，363 人。翻倍里程、翻倍规模，旭辉徒步每年不断刷新挑战，一次一次创下新的纪录。而此次的 133 公里路线长度，也有着另一层深意：纪念旭辉 2012 年在香港主板整体上市的初始股价 1.33 港币。回归初心的美好，让梦想走得更远。

徒步文化是溶于旭辉血脉的文化基因，每年旭辉两次（旭辉集团"行者无疆杯"戈壁徒步挑战赛、旭辉集团沙漠鱼营销戈壁徒步）组织员工前往戈壁，于风啸沙袭中感悟徒步精神。旭辉的徒步精神正在感染越来越多的人，不仅仅是因为徒步能带来身体上的磨砺与突破，更是一场心灵的洗礼与蜕变。在享受更加"快乐、健康、丰盛、进步"的生活方式的同时，遇见一个全新更好的自己。

"大爱利他"——"徒步＋公益"传递人文关怀

一次又一次的戈壁徒步，让徒步成为旭辉人快乐、健康、丰盛、进步的生活方式的重要组成部分。在每一步的行走中，旭辉人不仅磨练了意志，更收获了健康的生活方式。为了让更多的人感受徒步文化的魅力，旭辉从 2018 年起逐步在各大城市落地城市公益徒步活动，以行者脚步丈量城市梦想，将"快乐、健康、丰盛、进步"的价值主张进行到底。

城市公益徒步第一站选择落地上海，5 月 5 日，由旭辉集团、旭辉集团上海事业部主办的行者旭辉城市公益徒步在上海前滩公园启动，全程沿滨江江岸线到达杨浦大桥，沿途经过后滩公园、世博大舞台、梅赛德斯奔驰文化中心、南浦大桥、艺仓美术馆等众多文化景点及地标建筑,它们是城市梦想的载体,也是城市徒步中独特的里程碑。在这条沪上"最美滨江大道"上,近1800名参与者一边感受城市景致,一边用脚步践行行者精神。

大人们有大人的城市梦想,孩子们也要留下自己的小小脚印。这次城市公益徒步还包含6公里的亲子徒步挑战,沿途设置更适合小朋友们的互动体验,让参与者们在感受徒步精神的同时,也留下愉快的家庭记忆。

随后,城市公益徒步活动在苏州、沈阳、合肥等全国各大城市相继落地,传播行者精神,为城市梦想发声。与此同时,旭辉希望"徒步＋公益"的形式能成为一条可沿承的公益慈善之路,每一名参与者在用脚步感受城市人文发展的同时,也用公益将城市点亮。

在第四届旭辉集团"行者无疆杯"戈壁徒步挑战赛中,旭辉集团发起了"每一步都算数"的公益活动,探索运动和公益活动的结合。在为期60天的时间里,累计步数达到50万步的旭辉伙伴,旭辉集团都将代其向大凉山的孩子们、教师志愿者们献出爱心,购买核桃。全部款项都将作为公益善款用于大凉山的助学和学校基础建设,而采购的大凉山核桃将作为礼品赠与每一位达成捐步目标的公益英雄。

2018年旭辉再次发起捐步公益活动:每完成1公里徒步,旭辉集团向大凉山捐赠10元,定向用于采购大凉山核桃和向当地偏远贫困学校捐赠硬件设施,解决实际困难问题。

旭辉秉持"大爱利他"的理念,每年从捐资助学、抗震救灾、环境保护等领域回馈社会,累计捐款近2亿元,其中1.39亿元用于捐资助学 。

采用运动参与者"捐步"和企业"捐款/物"相融合的新颖模式,旭辉将日常跑步训练、徒步比赛等运动数据升格为慈善公益数据或参考指标,号召集团全员参与运动公益。旭辉认为简单的公益形式才会让更多人容易接受并且坚持下去,因为如此鲜明的运动"基因",通过科学徒步培训、招募助学志愿者以及为特殊儿童群体提供帮助等具体项目,捐赠用户代表亲自参与到落地活动中去,亲眼见证公益善款物资是如何使用的,既让运动者更有参与感和责任感,又让运动健康成为传递爱心公益的纽带。旭辉集团将"大爱利他"的经营哲学和社会责任规范践行，给企业健康管理实施提供了一个更温暖的理由。

"惟精英，敢创享"的雇主品牌

作为业内品牌房企，旭辉志存高远，矢志成为"全球化的世界500强企业"，一直奉行"战略未动，人才先行"的原则，围绕高业务目标、高文化认同、高组织活力、高人才供应、高绩效结果、高激励机制，打造独具特色的"六高"组织，让员工能在旭辉享有健康、快乐、丰盛、进步的人生，实现组织与个人的双赢。

旭辉集团董事长林中先生提到旭辉的人才观时曾说："旭辉只有两类人：一类是精英，另外一类是想成为精英的人。""惟精英，敢创享"是旭辉集团的雇主品牌口号。围绕这个口号，四大核心元素助力旭辉雇主品牌价值主张的落地。

战略远见，挑战极限

旭辉18年来快速发展不仅体现在业务规划上，还体现在管理模式的精进上。"一五"战略期间，旭辉奉行"两小两大，一精一强"的组织策略，即大公司小组织、大业务小总部以及精总部强一线，这一策略保持了组织的扁平高效以及活力，形成可快速复制的标准化组织模式，有效加快旭辉布局全国的步伐。"二五"战略期间，旭辉迎来冲刺五千亿的挑战，规模的扩大带来了管理幅度、管理层级以及管理复杂度的变化。又提出"大平台＋小集团＋项目集群"的三级模式，期望通过授权管理，实现业务前移、经营下沉、一线当家的目标。

与此同时，面对不断刷新的高挑战性目标，旭辉凝聚了一批勇于消灭合理，挑战极限的优秀精英。他们攻坚克难，创下众多"旭辉纪录"：最快运营效率、最高首开销售、最快回款、最高客户满意度、最快戈壁徒步配速等，共同刺激着组织更快更好发展。

快速成长,无限机遇

在地产板块快速发展的同时,旭辉布局"房地产＋"和"房地产金融"业务,触角伸向商业管理、物业与社区服务、教育、公寓租赁、EPC(住宅产业化)、工程建设和基金管理,形成宏大的业务布局。面对快速发展的组织,旭辉的内部人才供应链也正在逐步成型。以聚焦海内外顶级院校博士毕业生和顶尖商学院 MBA 毕业生,为旭辉培养未来优秀的企业管理者的"辉耀生"计划;以聚焦 985/211 高校优秀硕士毕业生,培养旭辉未来的 CXO 和接班人的"旭日生"计划;以聚焦培养致力成为高级营销人才的"皓月生"计划和以聚焦培养区域管理骨干和专业精英的"辰星生"计划;这四个项目构建了旭辉集团全面而丰富的校园招聘管理体系。经过 10 年积淀和发展,旭辉的"精英"文化在高校中得以广泛传播,旭辉的校园雇主品牌也在莘莘学子中得以拓展和印证。在从外部吸纳优秀人才的同时,旭辉还成立了人才培养和输送的"摇篮"——旭辉学院。围绕"业务能力提升"和"人才梯队发展",搭建了分层分类培训体系,创立"旭辉学院"线上平台,打通线上线下培训,强化学习效果。通过领导力分层分级、专业条线自运营、线上学习全员覆盖、新进城市融入共启愿景、"非人"认证送课上门等核心项目,旭辉培养了大批"来之能战、战之能胜"的精兵强将。

打造高效的内部人才供应链不仅能从人才角度更好地支撑旭辉业务的快速增长,还能保证每一位旭辉人都能在这个大平台获得无限的发展可能。

事业同创,成果共享

旭辉提倡共创共担共享,以完善的共享激励机制,保证每一位旭辉人都能分享公司发展的成果。针对高管,旭辉在新业务设计了一套创业项目的"四三三"激励机制,针对中高层骨干员工则实施了股票期权激励方案,从

2013年起，旭辉向集团高管、一线公司总经理，以及中高层管理及专业骨干，授予股票期权激励，分享公司业绩及市值增长的收益。针对基层员工，旭辉推行"安居计划"，同时面向全员制定了项目跟投机制。

以上的一系列举措，都是旭辉践行"共创共担共享"理念的印证，使每一位旭辉人都能以主人翁身份投入到工作中去，享受奋斗的过程同时享受奋斗成果。

简单阳光，关爱包容

在旭辉，"如何把事情做好"是大家的共识和衡量一切的标准，对成果导向的追求让旭辉能够避免因复杂的人际关系和办公室政治造成的无谓内耗，具有更强的凝聚力和归属感。

剥皮会、吐槽会、反省会、四欣会等形式是旭辉听取全体员工对组织、流程、管理、管理者的意见和建议的代表活动，发现并反思管理中待改进的薄弱环节，帮助组织推动企业经营管理的进步。与此同时，旭辉还通过压舱石计划、员工关爱基金、员工弹性福利机制等方式关爱每一位旭辉人。

旭辉致力于构建"简单、公平、阳光、尊重、信任、开放"的文化氛围，打造支持组织长期可持续发展和吸引精英人才加入的环境。

高管访谈

访谈对象：**葛明**　旭辉集团副总裁兼人力发展中心总经理

编委会：连续 5 年举办戈壁徒步挑战赛，高管们的思考是什么？

葛明：旭辉集团总裁林峰结合自己 8 次戈壁徒步的经历和对于徒步的思考，认为戈行会带来不同境界的洗礼：第一重境界是自我鞭策，大家希望自己能够抵达终点，不枉此行；第二重境界是为了荣耀不认输，咬牙坚持；第三重境界是"天人合一"，忘记自己的疲惫，倾听自己的心灵声音；第四重境界是不在意身体的感觉，心灵变得更加敏感。

戈壁徒步的精神是"理想·拼搏·坚韧·超越"，而旭辉精神是"爱拼才会赢"，消灭合理、挑战极限，两者的精神内核是一致的。很多人都在谈梦想，而我们更多的是谈如何去实现梦想。去戈壁就是要让脚步跟上你的梦想，让梦想去实现。旭辉是一个强调团队精神的组织，不主张个人英雄主义，倡导"胜则举杯相庆，败则拼死相救"。徒步是一种团队运动，以团队为参赛单元去参加；在这个过程中，强调互相帮助、互相协同，不抛弃不放弃。

编委会：旭辉的员工健康管理工作有哪些价值观或者理念？

葛明：在旭辉，员工是企业的"目的"，而非企业的"工具"。旭辉的人力资源战略的目标是"成人达己"，希望实现员工目标与企业目标的趋同，驱动员工成长、成就员工的同时，实现企业成长。我们一直强调的"快乐、健康、丰盛、进步"，是对员工的价值主张，健康是我们非常关注的，所以旭辉每年为员工提供定制化的健康体检。还有我们的徒步，现在引导员工去形成积极的健身习惯，比方说我们倡导一个月 80 公里，激励大家去锻炼身体，通过建立正确的运动方式去释放压力,让你的身体更健康。我们为什么那么注重文化建设?为什么那么注重员工的职业发展?就是想给员工提供一个快乐工作、健康生活的环境,你可以很累,但是快乐地工作,心不累。职场关系很简单,很融洽,很开心。

(本文采写:刘磊　程玮)